DRDH

De aedibus international

Die Inspirationen und die architektonische Kultur einzelner Architekturschaffender in Europa zu dokumentieren und zusammenzuführen, das ist das Ziel der Reihe *De aedibus international*. So können wir seit 2009 architektonische Brennpunkte der jüngeren europäischen Architekturgeschichte wie etwa London, die Beneluxstaaten, Deutschland, Österreich und Südtirol mit einzelnen Bänden erreichen. Die Reihe wird in ihrer Kontinuität gleichsam zu einem Gedächtnis der Architektur, das die Werke dem Vergessen entzieht. Von allen der mit hohem Qualitätsanspruch ausgewählten Architekturschaffenden werden die wichtigsten Bauten festgehalten, ausführlich dargestellt und dokumentiert. Jeder Band dient auch der Reflexion über den architektonischen Willen, der hinter den Projekten steht. So sind in dieser Reihe bereits etliche namhafte Kritikerinnen und Kritiker aus verschiedenen Ländern zu Wort gekommen.

Der Hauptteil in jedem Band widmet sich dagegen der Welt der Anschauung. So sind jeweils anhand von Bildern und Plänen einige bemerkenswerte Bauten dargestellt, die nicht einer routinierten «Produktion» entsprungen sind. Vielmehr steht hinter jedem Entwurf eine leidenschaftliche Auseinandersetzung mit der Aufgabe und deren Prämissen.

Heinz Wirz
Verleger

The *De aedibus international* series aims to document and compile the inspirations and architectural culture of individual architects in Europe. Since 2009, we have published individual volumes on hotspots of European architectural history such as London, the Benelux countries, Germany, Austria and South Tyrol. Such continuity allows the series to become a form of architectural memory, ensuring that the architecture is not forgotten. The most important buildings by each of the selected high-quality architects are presented, described in detail and documented. Each volume also serves to reflect upon the architectural motivation behind the projects. Thus the series includes numerous articles by renowned critics from various countries.

However, the core of each book is dedicated to the world of observation. Images and plans present a number of remarkable buildings that are not the result of routine "production". Instead, each design stems from a passionate engagement with the task and its premises.

Heinz Wirz
Publisher

27 De aedibus international

DRDH – London/Antwerpen

QUART

HINAUSTRETEN

Ellis Woodman

Der Ursprung eines Projekts des Londoner Büros DRDH von Daniel Rosbottom (DR) und David Howarth (DH) ist oftmals auf die komplizierten, fantasievollen Räume von Gemälden zurückzuführen. Vilhelm Hammershøis Darstellungen der langen Enfilade, die sich durch sein Haus in Kopenhagen zog, dienten als Prüfstein für ein frühes, aber bedeutendes Projekt des Büros: die Umgestaltung einer Wohnung in einem eleganten Georgianischen Haus am Londoner Bryanston Square. Bei ihrer Überlegung, wie die Bibliothek und die Konzerthalle von Bodø über einen Stadthafen, der in die ewige Sonne des norwegischen Mittsommers getaucht ist, hinweg kommunizieren könnten, griffen die beiden auf ein Gemälde von J.M.W. Turner zurück. Dieses fängt das Licht ein, das von der Marmorfassade von St. Giorgio Maggiore in Venedig auf der anderen Seite der Lagune ausstrahlt. An anderer Stelle haben Pieter de Hoochs Studien über die vielfältigen Arten von Schwellen in niederländischen Häusern des 17. Jahrhunderts die vielschichtigen räumlichen Beziehungen eines Seniorenwohnblocks in der belgischen Stadt Aarschot bestimmt; während die abstrahierten und implizit modernen Darstellungen der Innenräume von Reformationskirchen eines anderen niederländischen Malers aus dem 17. Jahrhundert, Pieter Saenredam, dazu beitrugen, die Haltung von DRDH bei der Entwicklung eines neuen Konzertsaals im Herzen einer gotischen Halle aus dem 13. Jahrhundert in Gent zu definieren.

Konzertsaal, Gent
Concert hall, Ghent

Gemeinsam ist diesen und anderen Bildern, auf die sie sich beziehen, ein ausgeprägtes Gespür für den Raum zwischen einem fiktiven Hier und Dort. In jedem dieser Bilder findet das Auge einen Fixpunkt im hinteren Teil des Bildes und lädt den Körper ein, ihm durch eine Szenerie zu folgen, die durch den Wechsel von Licht und Schatten bestimmt wird. Eine solche Materialisierung der Erfahrung, die sich durch körperliche Bewegung entfaltet, liegt einem Grossteil ihres Werks zugrunde und wurde in der Site Gallery tatsächlich wörtlich genommen: Hier wird das Auge durch ein Wechselspiel von Raum und Licht geleitet, das in der grossen neuen Galerie mit ihrer von oben beleuchteten Stirnwand gipfelt. Es ist eine Reise, die eine Verlockung, aber auch eine Herausforderung darstellt. Der Verzicht auf das Private und Vertraute zugunsten einer Begegnung mit der weiten Welt jenseits davon wird mehr oder weniger immer eine Frage von Wagmut sein, und die Gebäude von DRDH sind von einer ungewöhnlichen Sensibilität für solche entscheidenden psychologischen Momente geprägt. Obwohl sie oft in Umgebungen entworfen werden, mit denen das Büro zumindest anfangs nicht vertraut ist, wohnt den Projekten immer ein grundlegender Akt der Identifikation inne. Die Architekten analysieren ihre Umgebung mit den Augen einer imaginären Nutzerschaft, mit dem Effekt, dass jedes Projekt das Gefühl vermittelt, von innen nach aussen entwickelt worden zu sein, wobei sowohl der Grundriss als auch die menschlichen Beziehungen, die der Grundriss verkörpert, nachhaltig berücksichtigt werden. Schwellen umfassen Schwellen und entfalten ein Feld vielfältiger Umschliessungen, das sich vom Individuum über das intime bis hin zum kollektiven öffentlichen Leben erstreckt. Im krassen Gegensatz zur Beschäftigung mit der Unmittelbarkeit eines Spektakels in der zeitgenössischen Architekturproduktion wirkt die Bildsprache von DRDH angenehm langsam und bewusst mehrdeutig.

Privatwohnung, London
Private apartment, London

Eine zentrale Technik, mit der das Büro für das Wohlbefinden der Bewohnerschaft seiner Gebäude Sorge trägt, ist die Strategie der Aufteilung. In der Wohnung am Bryanston Square dient diese Methode dazu, eine kleine Wohnung mit einer unerwarteten Weite auszustatten. Der Innenraum wird vor allem durch eine Reihe von Türen und massiven Möbelstücken gegliedert, wobei letztere vor den Wänden und der Decke Halt machen und einen neuen Parkettboden freigeben. Diese Elemente haben eine

STEPPING OUT

Ellis Woodman

For Daniel Rosbottom and David Howarth, the DR and DH of London-based DRDH, the genesis of a project is often found in the intricate, imaginative spaces of paintings. Vilhelm Hammershøi's depictions of the long enfilade that extended through his home in Copenhagen served as a touchstone for an early, but significant project for the practice, the remodelling of an apartment within an elegant Georgian House in London's Bryanston Square. In thinking about how the Bodø Library and Concert Hall should communicate across a city harbour bathed in the perpetual sun of the Norwegian midsummer, the pair turned to a painting by J.M.W. Turner that captures light radiating from the marble façade of St. Giorgio Maggiore on the far side of Venice's lagoon. Elsewhere, Pieter de Hooch's studies of the multiple thresholds of the Dutch 17th-century house guided the layered spatial relations of a block of retirement housing in the Belgian town of Aarschot, while the abstracted and implicitly modern depictions of reformation church interiors by another 17th-century Dutch painter, Pieter Saenredam, helped define DRDH's attitude to the development of a new concert hall, set within the interior of a 13th-century Gothic hall in Ghent.

Pieter Jansz Saenredam, *Innenraum der Sint-Odulphuskerk in Assendelft*, 1649, Rijksmuseum, Amsterdam
Pieter Jansz Saenredam: *Interior of the Sint-Odulphuskerk in Assendelft*, 1649, Rijksmuseum, Amsterdam

Common to these and other images to which they refer is a tangible sense of distance between a fictive here and there. In each, the eye finds a destination at the back of the picture and invites the body to follow across a territory calibrated by alternations of light and shadow. This materialising of experience, unfolded through bodily movement, underpins much of the work and, indeed, is made literal in the Site Gallery, where one's eye is guided obliquely through a gradient of space and light that culminates in the large new gallery with its top-lit end wall. It is a journey that represents an enticement, but a challenge too. Abandoning the private and familiar for an encounter with the larger world beyond will, to one degree or another, always be a question of courage and DRDH's buildings are marked by an unusual sensitivity to such decisive psychological moments. While often designed for environments with which the practice is, at least initially, unfamiliar, the projects are invariably anchored in a fundamental act of identification. The architects seek their situation in the world through the eyes of an imagined user, with the effect that each project presents a sense of having been developed outwards, through a sustained consideration of both the plan and the human relationships that the plan embodies. Threshold encompasses threshold, developing a field of multiple enclosure that extends from the individual, towards intimate and, finally, collective public life. In pointed opposition to the preoccupation of so much contemporary architectural production with the immediacy of spectacle, the imagery of DRDH's buildings feels satisfyingly slow won and deliberately ambiguous.

Vilhelm Hammershøi, *Interior. Strandgade 30*, 1901, Städel Museum, Frankfurt am Main
Vilhelm Hammershøi: *Interior. Strandgade 30*, 1901, Städel Museum, Frankfurt am Main

Central among the techniques by which the practice attends to the well-being of its buildings' inhabitants is a strategy of disaggregation. In the Bryanston Square apartment, this method serves to invest a small residence with an unexpected expansiveness. A family of doors and substantial furniture pieces provides the principal means by which the interior is organised, with the latter stopping short of the walls and ceiling and lifting clear of a new parquet floor. These elements share a figurative quality that subtly distinguishes them from the encompassing fabric. Taking their cue from Hammershøi, they order relationships within the redefined interior while simultaneously reordering it for

figurative Qualität, die sie auf subtile Weise von der umgebenden Struktur unterscheidet. In Anlehnung an Hammershøi ordnen sie die Beziehungen innerhalb des neu definierten Innenraums und strukturieren ihn gleichzeitig für das heutige Leben neu. Das einzige völlig frei stehende Stück, ein umfangreiches Stauraumelement für das Schlafzimmer, beansprucht die grösste Präsenz, und sobald ein Paar übergrosser Flügeltüren aufgeschwenkt wird, offenbart es sich als das Herzstück einer Anordnung, die mehr mit einem modernistischen Freiplan als mit der früheren Konfiguration der Wohnung gemein hat, in der die Räume durch Dekor und Dekoration abgegrenzt waren. Der private Rückzugsort wird zu einer Bühne für Geselligkeit; ein Urbanismus im Kleinen, in dem die neuen Interventionen als kleine, über einen Bezirk verteilte Gebäude dargestellt werden.

Die im gesamten Werk von DRDH vorherrschenden Mehrdeutigkeiten in Bezug auf den Massstab lassen sich auf eine Designsensibilität zurückführen, die von zwei scheinbar widersprüchlichen Ambitionen geleitet wird: einerseits vom Wunsch nach einer vereinheitlichenden räumlichen und materiellen Definition; andererseits vom Impuls zur kompositorischen Disaggregation. In ihren grösseren Projekten dienen vergleichbare Methoden gegensätzlichen Zielen, wobei die Fragmentierung in Teile als Mittel zur Herstellung von Intimität eingesetzt wird. Diesem Impuls steht stets der vermeintlich widersprüchliche Wunsch nach einer einheitlichen räumlichen und materiellen Definition gegenüber.

1:500-Marmormodell der Bibliothek und des Konzertsaals von Bodø, Nationalmuseum für Kunst, Architektur und Design, Oslo
1:500 Marble model of Bodø Library and Concert Hall, The National Museum of Art, Architecture and Design, Oslo

Dieses Spannungsverhältnis zeigt sich besonders deutlich im Konzertsaal und der benachbarten Bibliothek in Bodø, die das Büro realisiert hat. Programmatisch handelt es sich um zwei nicht zusammenhängende Gebäude, die Gegenstand separater Wettbewerbe waren. Aus den Händen von DRDH erscheinen sie aber wie ein einziges Projekt. Dieser Eindruck entsteht zum Teil dadurch, dass sie beide aus weissem Fertigbeton konstruiert wurden. Ebenso wichtig ist aber die Tatsache, dass jedes der beiden Gebäude in eine Vielzahl von Teilen zerlegt ist und diese Teile eine einheitliche Morphologie aufweisen. Es handelt sich nicht um zwei Gebäude, sondern um eine Art Territorium, das sich aus vielen Elementen zusammensetzt: ein neues Stadtviertel. Der höchste und potenziell unpassendste Teil dieser Komposition, das Bühnenhaus des Konzertsaals, wird um ein Ensemble kleinerer vertikaler Teile ergänzt, die es mit der Massstäblichkeit des restlichen Komplexes und schliesslich der umliegenden Siedlung in Einklang bringen. Auf diese Weise nimmt das Projekt seine Verantwortung in Bezug auf die städtischen Gegebenheiten wahr, indem es seine Masse an die benachbarten Gebäude anpasst und entsprechend den Anforderungen überzeugende Strassenansichten formt.

Die sehr massive Bauweise und die klassisch geprägte Formensprache verleihen ihm jedoch auch einen monumentalen Charakter, der sich deutlich von der eher kontingenten, nach dem Zweiten Weltkrieg fast vollständig wieder aufgebauten Stadtstruktur abhebt und eine zeitliche wie räumliche Ambiguität aufweist. Die beiden Gebäude werden offensichtlich einen Grossteil ihres Kontextes überdauern, aber ihr elementarer Ausdruck könnte uns auch zu der Annahme verleiten, dass sie vor diesem Kontext entstanden sind. Tatsächlich weisen sie über ihre unmittelbare städtische Umgebung hinaus – mit dem Ziel, eine grundlegendere Beziehung zur umgebenden Landschaft herzustellen. Die Berge und kleinen Inseln, die Bodø umgeben, bestehen aus Lavaablagerungen, die durch den rauen Seewind der Region abgeschliffen wurden. Sie sind möglicherweise das grösste Kapital der Stadt. Die Konzerthalle und die Bibliothek, die zwischen der Stadt und diesem grösseren Gebiet vermitteln, bieten einen weiteren Ausblick und laden dazu ein, sie als eine verdichtete Darstellung der Welt jenseits der Stadtgrenze zu lesen. Ihre Dachlinien sind ein Abbild der Topografie, während der Marmor der Fassadenplatten sich als äusserst empfänglich gegenüber den einzigartigen Lichtverhältnissen dieses Ortes am Polarkreis erweist. Letzteres erinnert an Christian Norberg Schulz' Beobachtungen, dass die traditionell weiss gestrichenen Häuser

contemporary life. As the one fully freestanding piece, a substantial bedroom storage element claims the greatest presence and, once a pair of super-scaled double doors are swung open, it is revealed as the heart of an arrangement that has more in common with a modernist free-plan than the apartment's earlier configuration, of rooms demarcated by décor and decorum. The private retreat becomes a stage for sociability: an urbanism in miniature in which the new interventions are cast as small buildings distributed across a precinct.

The prevalence throughout DRDH's oeuvre of such ambiguities of scale can be attributed to a design sensibility governed by two seemingly contradictory ambitions: on the one hand, a desire for unifying spatial and material definition and, on the other, an impulse towards compositional disaggregation. In their larger projects, comparable methods serve opposing ends, where fragmentation into parts is employed as a means of instilling intimacy. This impulse is invariably counterposed by what might be thought a contradictory desire for a unified spatial and material definition.

Detail aus Joseph Mallord William Turners Skizzenbuch *Como and Venice* [Finberg CLXXXI], *Venice: San Giorgio Maggiore – Early Morning*, 1819. Tate. 1865 angenommen vom Staat als Teil des Turner-Nachlasses 1856. Foto: Tate

Detail, *Como and Venice* Sketchbook [Finberg CLXXXI], *Venice: San Giorgio Maggiore – Early Morning*, 1819. Joseph Mallord William Turner 1775–1851. Tate. Accepted by the nation as part of the Turner Bequest 1856. Photo: Tate

It is a tension particularly evident in the adjacent concert hall and library that the practice has realised in Bodø. These are programmatically unrelated buildings, and were the subject of separate competitions, but in DRDH's hands they present the appearance of a single project. This impression is partly a product of their common construction in white precast concrete, but equally significant is the fact that each is broken into a multiplicity of pieces and that those pieces are of a consistent morphology. Rather than two buildings, we read a single territory defined by many elements: establishing what is, in effect, a new urban quarter. The tallest and potentially most incongruous part of this composition, the concert hall's fly-tower, is joined by an ensemble of smaller vertical pieces that reconcile it to the scale of the rest of the complex and ultimately to that of the encompassing settlement. In such ways, the project is highly observant of its responsibilities to this larger urban condition, adjusting its massing to neighbouring buildings and forming convincing street elevations as required.

Yet its very substantial construction and classically inflected form language equally lend it a monumental character that is quite distinct from a rather contingent urban fabric that was almost entirely rebuilt after the Second World War and offers a temporal as well as spatial ambiguity. The two buildings will evidently outlast much of their context, but their elemental expression might lead us to imagine that they also predate it. Indeed, ultimately, they look beyond their immediate urban setting with the aim of forging a more fundamental relationship to the surrounding landscape. Formed of lava deposits that have been abraded by the region's punishing seaborne wind, the mountains and small islands that encircle Bodø may be its greatest asset, but the city's introverted layout has, until now, done little to acknowledge them. Mediating between the city and this wider territory, the concert hall and library offer a more expansive outlook, inviting a reading of them as a condensed restatement of the world beyond the city's edge. Their rooflines embody an image of its topographies while the marble aggregate of the façade panels proves highly responsive to the singular light conditions of this Arctic Circle location, recalling the architect's recitation of Christian Norberg Schulz's observation that Norway's traditional white-painted houses "concretise the luminosity of the Nordic summer night"[1] as an influence on their choice of material.

1 Christian Norberg-Schulz: *Genius Loci, Towards a Phenomenology of Architecture*, London 1980, p. 70.

The site of the retirement housing at Aarschot, which DRDH designed in close collaboration with their friends, de Vylder Vinck Taillieu, is altogether more contained. Yet a concern for the relationship between the occupants' immediate environment and a broader territory remains central to the project's conception.

Norwegens «die Leuchtkraft der nordischen Sommernacht konkretisieren»[1] und hat die Architekten bei der Wahl des Materials beeinflusst.

Der Standort der Seniorenwohnungen in Aarschot, die DRDH in enger Zusammenarbeit mit ihren Freunden de Vylder Vinck Taillieu entwarfen, ist insgesamt begrenzter. Trotzdem steht auch hier die Beziehung zwischen unmittelbarer Wohnumgebung und der weiteren Umgebung im Mittelpunkt des Projekts. Für viele Rentnerinnen und Rentner ist der Ausstieg aus dem Beruf gleichbedeutend mit dem Ausstieg aus dem städtischen Leben: Vom Haus auf dem Land bis hin zum Pflegeheim ist die Topografie des Alterns nach wie vor stark von einer Tendenz zur Isolation geprägt. Diese Wohnanlage mit Servicewohnungen und einem begleitenden Sozialzentrum für ältere Menschen liegt am Rande des mittelalterlichen Stadtkerns von Aarschot und wurde mit dem Ziel konzipiert, der Bewohnerschaft die Möglichkeit zu bieten, mit der Welt so weit wie möglich in Kontakt zu bleiben. Zu diesem Zweck wurde der öffentliche Raum in Form eines neuen Platzes, um den sich die sozialen Funktionen des Gebäudes gruppieren, mitten im Gelände verortet. In seiner Doppelnatur als öffentlicher Versammlungsort und als Schwelle zum privateren Bereich der darüber liegenden Wohnungen führt dieser städtische Raum ein Thema ein, das der Entwurf in verschiedenen Massstäben wieder aufgreift – am unmittelbarsten in dem unerwarteterweise von oben beleuchteten Hof, der sich auf der Rückseite des Platzes befindet und durch den das Gebäude erschlossen wird. Es gibt keine Tore, die diese Bereiche voneinander trennen, man ist sich jedoch – mit der Schichtung der gemalten Räume von de Hooch vergleichbar – sofort bewusst, dass man in intimere, häusliche Bereiche eintritt, in denen andere Verhaltensregeln gelten.

Die in kurzen Flügeln angeordneten Wohnungen sind über Flure erreichbar, aber die Architekten haben sich bemüht, die eher institutionellen Assoziationen, die dieser Anordnung innewohnen, zu mildern, indem sie das Bild von kleinen, entlang einer Strasse angeordneten Häusern aufgriffen – ein Echo der urbanen Morphologie vieler historischer flämischer Städte. Grundlegend für diesen urbanen Eindruck ist die Verwendung von präzisen, ungestrichenen Blockwänden, die sich im Grundriss sanft schlängeln, und von raumhohen Panoramafenstern, die reichlich Tageslicht aus verschiedenen Richtungen hereinlassen und diese kollektiven Innenräume den ganzen Tag über beleben und weite Ausblicke bieten, die von der Lage des Standorts an der Schnittstelle zwischen Stadt und Landschaft profitieren. Innerhalb dieser inneren Strassen hat jede Wohnung auch ihre eigene «Fassade», die nicht nur über eine Tür, sondern auch über ein Küchenfenster verfügt, das mit einem Paar bunt bemalter Fensterläden des Künstlers Willem Cole versehen ist. Diese Vorrichtung stellt eine direkte Verbindung zur traditionellen Typologie des Almosenhauses her und dient als Einladung an die Bewohnerschaft, sich einem ähnlichen Geist des kollektiven Wohnens hinzugeben. Die Fenster sind einander zugewandt und spannen sozusagen kleine öffentliche Räume auf, die sich zu beiden Seiten der Flure öffnen. Sie werden von den privaten Balkonen der einzelnen Wohnungen überblickt und sind auch im Querschnitt miteinander verbunden. Die Bewohnerschaft hat auf diese gemeinsamen Bereiche reagiert, indem sie ihre eigenen Stühle, Tische und Pflanzen aufstellte und sich so eine lebendige Nachbarschaften innerhalb der grösseren Gemeinschaft bildete. Innerhalb jeder Wohnung bildet ein grosszügiger Flur eine weitere, tiefer liegende Schwelle, die es der Bewohnerschaft ermöglicht, Besuch zu empfangen, ohne gleich die eigenen Wohnräume preiszugeben; und denjenigen, die auf die Intimität der Pflege angewiesen sind, ihre Würde zu lassen. Das Projekt verschweigt nicht die grausame Wahrheit, dass das Alter eine Schrumpfung der eigenen Welt mit sich bringt, aber es versucht, die schlimmsten Demütigungen dieses Prozesses zu lindern und gleichzeitig Instrumente zu seiner Bekämpfung bereitzustellen.

Die Überlagerung von Schwellen in diesem Projekt ist nur eines von vielen Beispielen in der Arbeit von DRDH für Räume, deren Zustand der mehrfachen Umschliessung

1 Christian Norberg-Schulz, *Genius Loci, Towards a Phenomenology of Architecture* London 1980, S. 70 [Übersetzung des Zitats ins Deutsche: DRDH].

Wohnkomplex mit Sozialzentrum, Aarschot
Housing and social centre, Aarschot

Pieter de Hooch, *Kartenspieler in einem sonnendurchfluteten Raum*, 1658, Queen's Gallery, London, Royal Collection Trust (© Her Majesty Queen Elizabeth II)
Pieter de Hooch: *Cardplayers in a sunlit Room*, 1658, Queen's Gallery, London, Royal Collection Trust (© Her Majesty Queen Elizabeth II)

For many retirees, abandoning work remains synonymous with quitting urban life: from the house in the country to the institutional care home, the topography of ageing remains powerfully defined by its tendency towards isolation. However, this development of serviced apartments and an accompanying social centre that serves the wider elderly community stands on the edge of Aarschot's medieval town centre and has been conceived with the aim of enabling residents to maintain an engagement with the largest possible world. To that end, the public realm has been extended deep into the site in the form of a new square around which the building's social functions are arrayed. In its dual nature as a place of public congregation and a threshold to the more private realm of the apartments above, this urban space introduces a theme that the plan reiterates at various scales, most immediately in the unexpectedly top lit court, located at the rear of the square, through which the building is accessed. No gates separate these territories but, as with the layering of the painted spaces of de Hooch, one is immediately conscious of crossing into more intimate, domestic realms, where different codes of behaviour apply.

Configured in short wings, the apartments are corridor-accessed, but the architects have taken pains to ameliorate the more institutional associations inherent to that arrangement by drawing on the image of small houses ranged along a street, an echo of the urban morphology of many historical Flemish towns. Fundamental to that urban impression is the use of precise, unpainted blockwork walls, which meander gently in plan, and full-height, picture windows that draw in ample daylight from multiple directions, animating these collective interiors throughout the day and providing expansive views, which profit from the site's location at the hinge between city and landscape. Within these interior streets, each apartment also has its own "façade" that comprises not just a door, but also a kitchen window, fitted with a pair of brightly painted shutters by the artist Willem Cole. This device draws direct association with the traditional typology of the almshouse and serves as an invitation for residents to enter into a similar spirit of collective habitation. The windows address one another across what are, in effect, miniature public spaces that open off each corridor to either side. They are overlooked by the private balconies of each apartment and also connect with one another in section. Residents have responded to these shared territories by introducing their own chairs, tables and plants, defining a series of neighbourhoods within the larger community. Within each apartment, a generous hallway forms yet another of the building's sequence of deep thresholds, allowing residents to greet visitors without immediately revealing their living spaces and offering dignity to those dependent on the intimacies of care. The project does not shy from the cruel truth that old age entails a shrinking of one's world, but it does seek to alleviate the worst indignities of that process, while providing tools to fight it.

The layering of thresholds within this project offers just one of many examples in DRDH's work of spaces whose condition of multiple enclosure might be described as being aedicular. The architect, Colin St. John Wilson, has defined the spatial archetype of the aedicule as, "the miniature shelter or canopy that creates a personal domain within a major or dominant space – a space within a space." Wilson views the aedicule as a figure of particular architectural tension on account of the unresolved ambiguity between interiority and exteriority that it engenders: "The aedicule [forms] an enclosure whose outside is still inside the major dominant space, thereby giving rise to a play between an inside-outside and the real outside."[2]

2 Colin St. John Wilson: *Architectural Reflections: Studies in the Philosophy and Practice of Architecture*, Oxford 1988, p. 15.

als ädikulaartig beschrieben werden könnte. Der Architekt Colin St. John Wilson hat den räumlichen Archetyp der Ädikula folgendermassen definiert: «Miniaturschutzraum oder Vordach, das einen persönlichen Bereich innerhalb eines grösseren oder dominanten Raums schafft – ein Raum im Raum». Wilson betrachtet die Ädikula als eine Figur von besonderer architektonischer Spannung aufgrund der unaufgelösten Ambiguität zwischen Innen und Aussen, die sie hervorruft: «Die Ädikula [bildet] eine Einfriedung, deren Aussenseite sich noch innerhalb des grossen dominanten Raumes befindet, wodurch ein Spiel zwischen einem Innen und Aussen und dem realen Aussen entsteht.»[2]

2 Colin St. John Wilson, *Architectural Reflections: Studies in the Philosophy and Practice of Architecture*, Oxford 1988, S. 15 [Übersetzung des Zitats ins Deutsche: DRDH].

Die quasi-topografischen oberen Stockwerke der Bibliothek von Bodø sind durch ein solch komplexes Verhältnis von realer und fiktiver Exposition gekennzeichnet. Die weitreichendste Erfahrung bietet die Kinderabteilung im obersten Stockwerk, von wo aus man nicht nur den gesamten Grundriss des Gebäudes überblicken kann, sondern auch über den Hafen hinweg bis zu einem weiten, von Inseln gespickten Horizont in der einen und zurück zur Stadt in der anderen Richtung schauen kann. Die Aufstellung eines fünf Tonnen schweren Gletschersplitsteins im zentralen, verglasten Innenhof bestätigt die Lesart des Innenraums als konzentrierte Darstellung dieser Landschaft, wenngleich es dieser Szenerie nicht an Intimität mangelt. Sowohl der Innenhof als auch ein introvertierter Erzählraum bilden frei stehende Räume, die Versammlungen unterschiedlicher Grösssenordnung ermöglichen, während kleine, ädikulaartige Häuser – bunte Tischlerarbeiten – eine privatere Leseerfahrung ermöglichen.

Ein weiterer Innenhof bettet das neue Weingut, das DRDH in Zusammenarbeit mit dem portugiesischen Büro Sami Arquitectos entworfen hat, in die zum Weltkulturerbe zählende Landschaft der Azoreninsel Pico ein. Hier schafft ein topografischer Kreuzgang einen Aussenraum von intimer Grösse, vergleicht man ihn mit dem Vulkankegel, der die Insel dominiert; oder mit dem weiten Horizont des Atlantiks, den er überblickt. Umrundet man ihn, öffnet sich jedoch allmählich seine introvertierte Grundrissgeometrie hin zu diesem weiten Aussenraum, wobei die schützende Präsenz bewusst zugunsten eines Dialogs untergraben wird. Diese Innen- und Aussenseiten sind in eine weitläufige Landschaft anderer raumartiger Räume eingebettet, die aus dem schroffen Lavagestein des restaurierten Weinbergs bestehen, in den das Gebäude eingebettet ist. Die Aussenfassade besteht aus eben jenen Steinen – Spolien –, die vom Boden der Umgebung aufgelesen und in Erinnerung an die vielen zerstörten Strukturen aufgeschichtet wurden, die einst der blühenden Weinindustrie dienten, bis diese Ende des 19. Jahrhunderts durch diverse Krankheiten dezimiert wurde. Wie bei vielen anderen Projekten, die alle auf ihre eigene Art und Weise entstanden sind, ist die Erfahrung des Gebäudes gleichzeitig ein Teil des Kontextes und hebt sich doch auch von diesem ab.

Kinderbibliothek, Bodø
Children's library, Bodø

Bei seinen Überlegungen zum Wesen der Ädikula stützt sich Colin St. John Wilson auf das Argument des Kunstkritikers Adrian Stokes, dass unsere räumlichen Reaktionen von zwei diametralen Erfahrungen geleitet werden, die wir in der Kindheit machen: Zunächst ist da das Gefühl der Einheit mit der Mutter, dann das plötzliche Gefühl des Andersseins oder der Loslösung, das die Grundlage für unser Selbstverständnis bildet. Die ursprüngliche Resonanz der Ädikula liegt in der Art und Weise, wie sie diese gegensätzlichen Empfindungen gleichzeitig wiedergibt – innen und aussen, umhüllt und losgelöst – und die Nutzenden schliesslich vor die Wahl stellt, sich zurückzuziehen oder in einen Dialog zu treten. Eine solche Herausforderung mag sich in der rauen Umgebung des Mittelatlantiks selbstverständlich anfühlen, in anderer Hinsicht ist sie der Fünfjährigen, die in ihrem Lesehaus in Bodø sitzt, aber ebenso vertraut wie dem Rentner, der sich mit seinen neuen Lebensumständen in Aarschot arrangiert. Beide könnten Anlass haben, beklommen auf eine Welt zu blicken, in der viele andere mehr Handlungsspielraum haben. Das Anliegen von DRDH besteht darin, ihnen zu helfen, den Schritt nach draussen zu wagen.

The quasi-topographic upper floors of Bodø's library are characterised by just such a complex relationship of real and fictive exposure. The most expansive experience is afforded by the top floor children's section, from where it is not only possible to appreciate the full extent of the building's plan, but also to look out across the harbour to a far horizon peppered by islands in one direction and back towards the city in the other. The siting of a five-tonne glacial grit-stone within the central, glazed courtyard confirms a reading of the interior as a concentrated representation of this landscape, yet it is not a scene bereft of intimacy. Both the courtyard and an introverted story-telling room form freestanding enclosures that enable different scales of congregation, while miniature, aedicular houses, in colourful joinery, allow for a more private reading experience.

Another courtyard situates the new winery, which DRDH have designed in collaboration with Portuguese practice Sami Arquitectos, within the World Heritage landscape of the Azorean island of Pico. Here, a topographic cloister creates an exterior room of intimate scale, when considered against the volcanic cone that dominates the island or the expansive horizon of the Atlantic Ocean that it overlooks. However, its introverted plan geometry gradually opens to this vast exterior as one climbs slowly around its perimeter, purposefully undermining its sheltering presence in favour of engagement. These inside-outsides are set within a sprawling landscape of other room-like spaces, the rugged lava stone enclosures that characterise the restored vineyard within which the building is set. Its exterior façade is constructed of these same stones: spolia, picked up from the surrounding ground and stacked in recollection of the many ruined structures that formerly served a once thriving wine industry, until its decimation by disease at the end of the 19th century. As with many of the other projects, each in their own way, the experience of the building is to be at once part of and yet simultaneously set apart from its context.

Antonella de Messina, *Der heilige Hieronymus im Gehäuse*, 1475, National Gallery, London
Antonella de Messina: *St Jerome in His Study*, 1475, National Gallery, London

In the course of his reflections on the nature of the aedicule, Colin St. John Wilson draws on the argument made by the art critic Adrian Stokes that our spatial responses are guided by two violently contrasting experiences that we undergo in infancy. First is the sense of oneness with the mother, then the sudden feeling of otherness or detachment, which forms the basis of our sense of selfhood. The primal resonance of the aedicule lies in the way that it re-enacts these contrasting sensations simultaneously – inside and outside, enveloped and detached – and ultimately presents the occupant with a choice between retreat and engagement. Such a challenge might feel self-evident in the harsh exposure of the mid-Atlantic, but in other ways, it will be as familiar to the five-year-old sitting in their reading-house at Bodø or to the retiree coming to terms with their new circumstances in Aarschot. Both might have cause to view, with trepidation, a world in which many others enjoy greater agency. DRDH's concern lies with helping them to step outside.

PRIVATWOHNUNG, LONDON, VEREINIGTES KÖNIGREICH

2013

PRIVATE APARTMENT, LONDON, UNITED KINGDOM

2013

Bei der Wohnung für einen Modeschöpfer in der Beletage eines Georgianischen Haus an einem der begrünten Plätze Londons wurden Aspekte des ursprünglichen Hauses wiederhergestellt: insbesondere der Hauptraum mit Blick auf den Platz, während der Grundriss im Sinne von mehr Licht und räumlicher Vernetzung des heutigen Lebens geöffnet wurde. Die Atmosphäre der neuen Räume ist inspiriert von den fesselnden, sparsam möblierten Innenraumbildern des dänischen Künstlers Wilhelm Hammershøi, deren ruhige Introspektion in Abfolge, Anordnung und Farbpalette widerhallt. Wie in den Gemälden zu seinem Haus in der Strandgade 30 in Kopenhagen vermitteln Türen in verschiedenen Grössenordnungen nicht nur die Beziehungen zwischen neuen und vorhandenen Elementen, sondern etablieren sich als Figuren, die den Raum besetzen und seinen Charakter definieren. Massgeschneiderte Möbelstücke platzieren die Küche im Hauptwohnraum, während ein hoher Schrank eine frei stehende Abgrenzung zum Hauptschlafzimmer bildet, wobei diese grössten Türen je nach Bedarf einen gewissen Grad an Abgrenzung und Privatsphäre schaffen.

A piano nobile apartment for a couturier, set within a Georgian house on one of London's garden squares. The apartment restores aspects of the original house, notably the principal room overlooking the square, whilst opening up the plan to light and the spatial interconnectedness of contemporary life. The atmosphere of the resultant spaces draws inspiration from the compelling, sparsely furnished interior paintings of Danish Artist Wilhelm Hammershøi, echoing their quiet introspection in sequence, arrangement and tonal palette. As in the paintings of his home, at Strandgade 30 in Copenhagen, doors of varying scales not only mediate the relationships between new and existing elements, but also establish themselves as figures that occupy space and define its character. Bespoke furniture pieces place the kitchen within the main living space, while a tall cabinet forms a freestanding enclosure to the master bedroom, with the largest doors establishing degrees of enclosure and privacy as required.

1:20-Modell des *Interior. Strandgade 30*, Wilhelm Hammershøi

1:20 model of *Interior. Strandgade 30*, Wilhelm Hammershøi

Grundriss 1:200

Floor plan 1:200

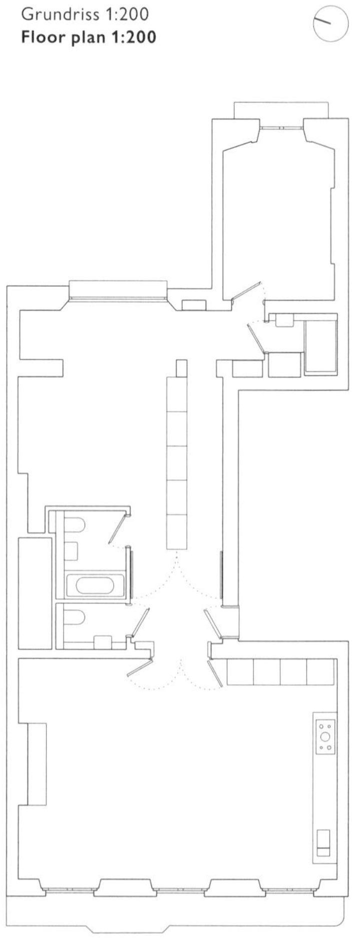

WOHNKOMPLEX MIT SOZIALZENTRUM, AARSCHOT, BELGIEN

2016 – In Zusammenarbeit mit Vylder Vinck Taillieu

HOUSING AND SOCIAL CENTRE, AARSCHOT, BELGIUM

2016 – In collaboration with Vylder Vinck Taillieu

Ein Komplex mit 36 Wohnungen mit Serviceleistungen und einem Sozialzentrum dient der älteren Bevölkerung von Aarschot. Um einen öffentlichen Hof und einen ummauerten Garten herum angeordnet, sind die drei geradlinigen, weissen Ziegelbaukörper im Verhältnis zueinander versetzt positioniert und reagieren so auf den kleinmassstäblichen, vielgestaltigen Charakter der umliegenden Strassen. Indem sie zwischen Vorder- und Hintergrund oszillieren, streben sie eine angepasste Alltäglichkeit an, die es diesem relativ grossen Gebäudekomplex ermöglicht, seinen Platz in einem intimen städtischen Kontext einzunehmen. Im Erdgeschoss sind die Gemeinschaftsräume um den neuen Stadtraum herum angeordnet. Hier markiert ein kleiner, von oben beleuchteter Innenhof, der in den Gebäudekörper eingeschnitten ist, den Eingangsbereich. Im Obergeschoss strukturiert eine Reihe von Gemeinschaftsräumen die Beziehungen zwischen den Wohngruppen und bietet der Bewohnerschaft Möglichkeiten zum nachbarschaftlichen Austausch und Gemeinschaftsleben. Sie sind von den verschlossenen Küchenfenstern aus sichtbar, die den mit präzisem Blockwerk ausgekleideten Korridoren die Atmosphäre einer inneren Strasse verleihen und Urbanität in diesem Mikrokosmos erzeugen.

A complex comprising thirty-six serviced apartments and a social centre serves the elderly population of Aarschot. Arranged around a public court and a walled garden, its three linear, white brick volumes shift in relation to one another, responding to the small-scale, variegated character of the surrounding streets. Oscillating between foreground and background, they seek an adjusted ordinariness, allowing this relatively large building to take its place within an intimate urban context. On the ground floor, collective rooms are arranged around the new urban space, off which a small top-lit patio, carved through the body of the building, announces entry. Above, a series of shared spaces structure the relationships between clusters of apartments, offering their residents opportunities for neighbourliness and community life. Shuttered kitchen windows overlook them, giving the precise blockwork-lined corridors the atmosphere of an interior street and establishing an urbanity in microcosm.

Situationsplan 1:5000
Site plan 1:5000

Schnitt A A 1:500
Section A A 1:500

Grundriss 1. Obergeschoss 1:500
First floor plan 1:500

KUNSTGALERIE, SHEFFIELD, VEREINIGTES KÖNIGREICH

2017

Ein neuer Eingang, eine Galerie und Atelierräume bilden die wesentliche Ergänzung dieses etablierten Raums für zeitgenössische Kunst in Sheffield. Der Innenraum einer ehemaligen Industriehalle, die an die bestehenden Gebäude angrenzt, wurde neu geordnet, um eine kontinuierliche räumliche Enfilade von zunehmendem Umfang zu schaffen, die in der Galerie gipfelt. Mit seiner von oben beleuchteten Stirnwand und einem grossen Fenster zur Strasse ist dieser grosse, wohlproportionierte Raum auf verschiedene Weise unterteilbar, um ein Maximum an kuratorischer Flexibilität zu bieten. Es handelt sich um eine Kunsthalle in der europäischen Tradition. Von aussen schmückt eine neue Ziegelsteinfassade die umgestaltete Halle und verleiht ihre eine gewisse Robustheit, eine Art Panzer, der die Abstraktion des Innenraums schützt. Im Hinblick auf den städtischen Massstab stellen die handgefertigten roten dänischen Ziegel eine Kontinuität her: Sie führen das Bestandsgebäude in Farbe und Ton weiter und verleihen dem neuen Ensemble eine kohärente Identität. Aus der Nähe betrachtet, offenbaren sich ihre vielfältigen Formen und Texturen als Bestandteile einer komplexen, stark strukturierten, haptischen Oberfläche.

ART GALLERY, SHEFFIELD, UNITED KINGDOM

2017

A new entrance, gallery and studio facilities create a substantial addition to an established contemporary art space in Sheffield. Inhabiting a former industrial shed, adjacent to the existing buildings, the extended interior is reordered to create a continuous spatial enfilade of increasing scale, which culminates in the gallery. With a top-lit end wall and a substantial window to the street, this large, well-proportioned space is divisible in a variety of ways to offer maximum curatorial flexibility. It is a *Kunsthalle,* in the European tradition. Externally, a new brick façade both decorates and makes robust the transformed shed, forming a carapace that protects the abstraction of the interior. At the urban scale, its red, handmade Danish bricks establish a continuity, complementing the colour and tone of the existing to create a coherent identity for the new ensemble. Close to, their variegated forms and textures reveal themselves as components of an intricate, highly textured, haptic surface.

Modell 1:50
1:50 model

Grundriss Erdgeschoss 1:500
Ground floor plan 1:500

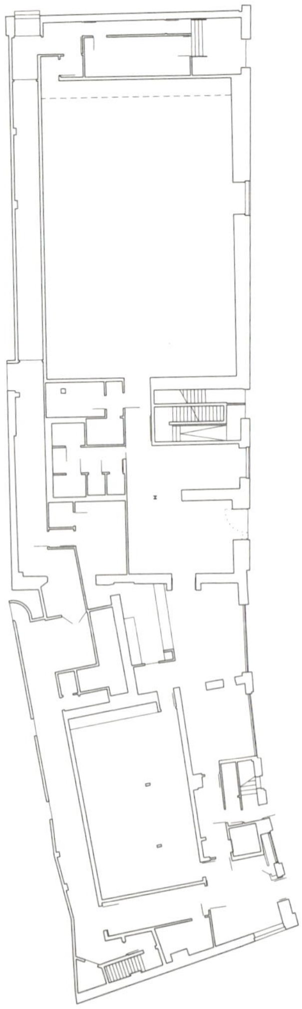

SITE GALLERY

DESIGNSTUDIO UND BÜRO, SHEFFIELD, VEREINIGTES KÖNIGREICH

2009

DESIGN STUDIO AND OFFICE, SHEFFIELD, UNITED KINGDOM

2009

Ein unpassender Anbau aus den 1960er Jahren an eine grosszügige viktorianische Villa, die in einer von Bäumen gesäumten Wohnstrasse in Sheffield steht, wird zum Sitz einer Designfirma. Der Flachdachanbau stösst brutal an das ursprüngliche Haus. Durch die Schaffung einer neuen repräsentativen Fassade, die die unterschiedlichen Gebäudeformen vereint und einen gemeinsamen Eingang bildet, wird ein freundlicheres Verhältnis zwischen den beiden Teilen erzeugt. Dahinter wird der bestehende Betonrahmen abgetragen und neu verkleidet, wobei ein neuer, eingeschossiger Atelierraum das Potenzial des rückwärtigen Grundstücks optimal ausnutzt. Die Steinvilla weist ungewöhnliche Türstürze, Fensterbänke und Quader aus zartrosa Sandsteinquadern auf. Dieses Material wird verwendet, um eine tragende Steinfassade zu schaffen, vor der ein filigraner, frei stehender Metalltisch eine Veranda oder Loggia zum Garten hin bildet, wodurch eine tiefe Schwelle entsteht und die wahrgenommene Grösse der Erweiterung in einen Dialog mit den ursprünglichen Fenstern im Erdgeschoss tritt.

An incongruous 1960's addition to a generous Victorian villa, which inhabits a residential, tree-lined street in Sheffield, is transformed into the home of a design company. As found, the flat-roofed extension brutally abutted the original house. The project establishes a more cordial relationship between the two, through the creation of a new representative façade that unifies the disparate building forms and establishes a collective entrance. Behind it, the existing concrete frame is stripped back and reclad, with a new, single-storey studio space maximising the potential of the site to the rear. The stone villa has unusual lintels, cills and quoins of delicate pink, ashlar sandstone. This material is appropriated to create a load-bearing stone façade, in front of which a delicate, freestanding metal table offers a porch or loggia to the garden, creating a deep threshold and drawing the perceived scale of the extension into dialogue with the original ground floor window.

Grundriss Erdgeschoss 1:500
Ground floor plan 1:500

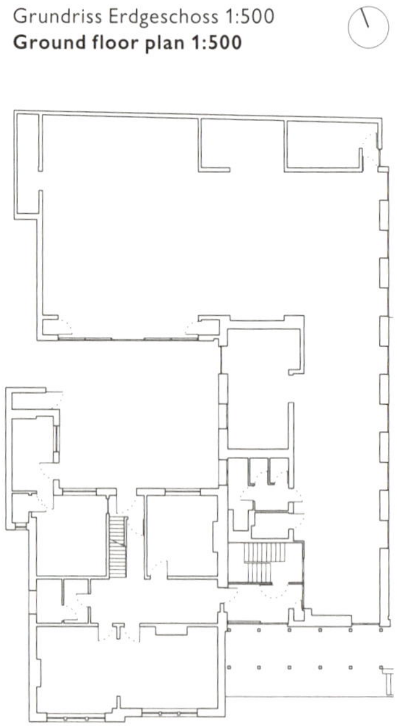

BIBLIOTHEK, BODØ, NORWEGEN

2016

Die öffentliche Bibliothek ist Teil eines städtebaulichen Ensembles, das ein neues Kulturviertel in Bodø, einer norwegischen Stadt am Polarkreis, definiert. Die Architektur ist bewusst zweideutig: Sie erinnert gleichzeitig an klassische Archetypen, an die Nachkriegsmoderne, die die eher kontingente bestehende Urbanität der Stadt prägt, und an die alltäglichen Formen des Hafens. Die Beziehung der Stadt zu ihrem aussergewöhnlichen landschaftlichen Kontext wird neu verhandelt. Die flach geneigten Dächer spiegeln die Linien der umliegenden Hügel und Inseln wider, während die polierten und gewaschenen Fassaden aus weissem Betonfertigteilen das ständig wechselnde arktische Licht einfangen. Das Gebäude ist wie eine innere Landschaft organisiert und um eine grosse öffentliche Treppe herum angeordnet. Es unterstützt und bereichert das Gemeinschaftsleben durch eine Vielzahl von Funktionen im Erdgeschoss. Im Obergeschoss befindet sich ein grosszügiger Lesesaal, der durch eine verglaste Fassade auf das Meer und den Horizont ausgerichtet ist. Er wird wiederum von einer intimeren Kinderbibliothek überblickt, die sich unter dem wellenförmigen Dach um einen intimen Aussenhof schmiegt.

LIBRARY, BODØ, NORWAY

2016

A public library forms part of an urban ensemble that defines a new cultural quarter for Bodø, a Norwegian city within the Arctic Circle. The architecture has an intentional ambiguity, at once recalling classical archetypes, the post-war modernity that characterises the city's rather contingent existing urbanity, and the mundane, harbour-side forms of its working port. Renegotiating the city's relationship with its extraordinary landscape context, shallow pitched roofs reflect the lines of surrounding hills and islands, while polished and washed façades of white, pre-cast concrete capture the ever-changing Arctic light. Organised as an interior landscape and arranged around a grand public stair, the library supports and enriches community life, through a diverse array of functions on its ground floor. Above, a generously proportioned reading room addresses the sea and horizon through a glazed façade. It is, in turn, overlooked by a more intimate children's library, nestling beneath the undulating roof around an intimate external court.

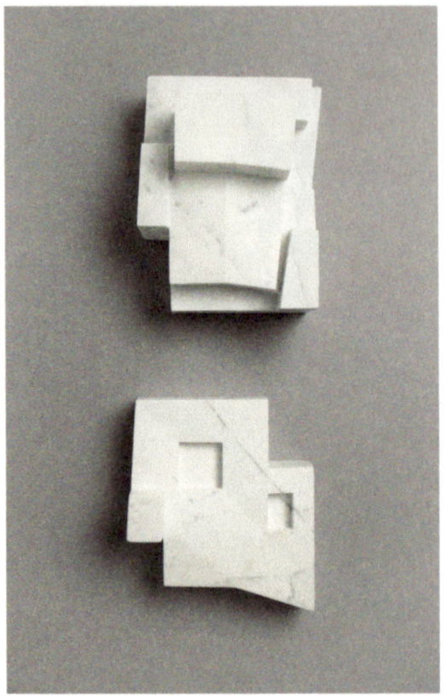

Bibliotheksmodell 1:50 und Marmormodell 1:500, Nationalmuseum für Kunst, Architektur und Design, Oslo
1:50 Library model and 1:500 Marble model, The National Museum of Art, Architecture and Design, Oslo

Situationsplan 1:7500
Site plan 1:7500

Grundriss 1. Obergeschoss 1:500
First floor plan 1:500

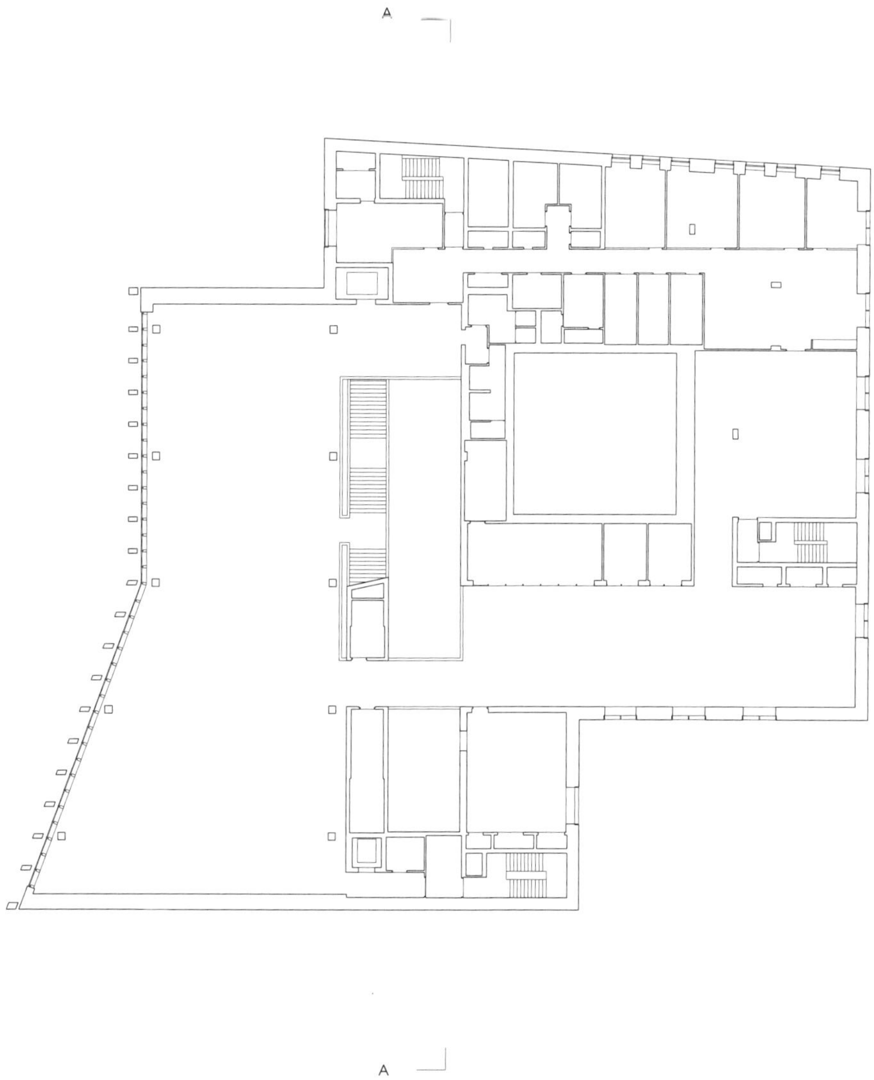

Schnitt AA 1:500
Section AA 1:500

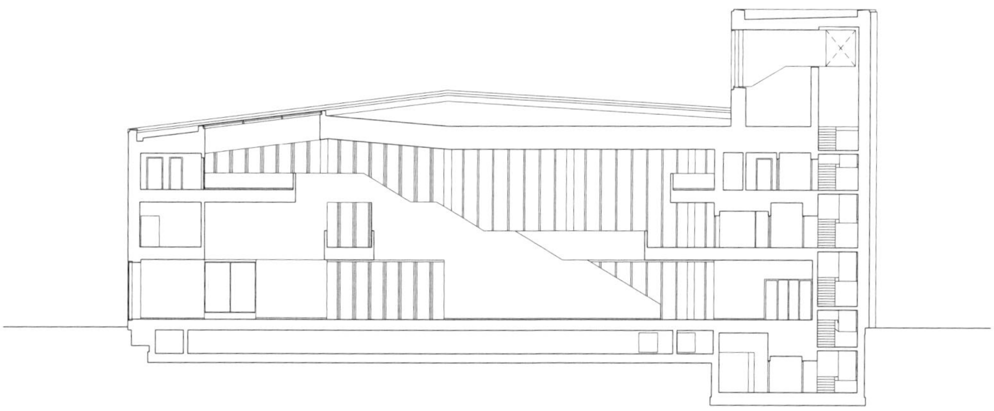

SECTOR

SDS
KAPTEIN LARSEN

KONZERTSAAL, BODØ, NORWEGEN

2016

CONCERT HALL, BODØ, NORWAY

2016

Ein Konzertsaal und ein Theater sind in dem grösseren der beiden öffentlichen Gebäude untergebracht, die das neue Kulturviertel Bødos bestimmen. Es ist Teil eines kompakten städtischen Blocks innerhalb der bestehenden Stadt. Seine materielle und disaggregierte Form stellt eine familiäre Beziehung zur benachbarten Bibliothek her und reagiert gleichzeitig auf die unterschiedlichen Massstäbe und die heterogene Architektur der Umgebung. Zusammen bilden sie ein kohärentes Stadtbild aus Strassen und urbanen Räumen. Öffentliche und privatere Räume bilden ein Perimeter, in dem vier Säle übereinander angeordnet sind. Ein Studiotheater und ein Rock-Jazz-Theater, die an beiden Enden teilweise unter der Erde zu liegen kommen, bilden die Basis für den darüber liegenden Hauptsaal. Dieses grosse Volumen, das sich zwischen den Aussenwänden der Box-in-Box-Konstruktion erstreckt, verwandelt sich räumlich und akustisch von einem mit Holz ausgekleideten Sinfoniesaal in ein Proszeniumstheater. Sein Bühnenturm bildet den Höhepunkt einer Reihe von Stufenformen, die beide Gebäude charakterisieren und es ihnen ermöglichen, sich visuell zu einem einzigen Stück zu verbinden, das die Adresse der Stadt zum Meer hin bildet.

A concert hall and theatre is the larger of the two public buildings that define Bødo's new cultural quarter. Occupying a compact urban block set within the existing city, its material and disaggregated form establish a familial relationship with the neighbouring library, while also responding to the varying scales and heterogeneous architecture of its surroundings. Together they consolidate a coherent cityscape of streets and urban spaces. Public and back-of-house spaces establish a perimeter within which four auditoria are stacked in section. A studio theatre and a rock/jazz venue, placed partially below ground at either end, support the main hall above. Spanning between the outer walls of their box in box construction, this large volume transforms spatially and acoustically from a timber-lined symphonic hall to a proscenium theatre. Its stage tower culminates a series of stepping forms that characterise both buildings, allowing them to visually conjoin as a single piece, which announces the city to the sea.

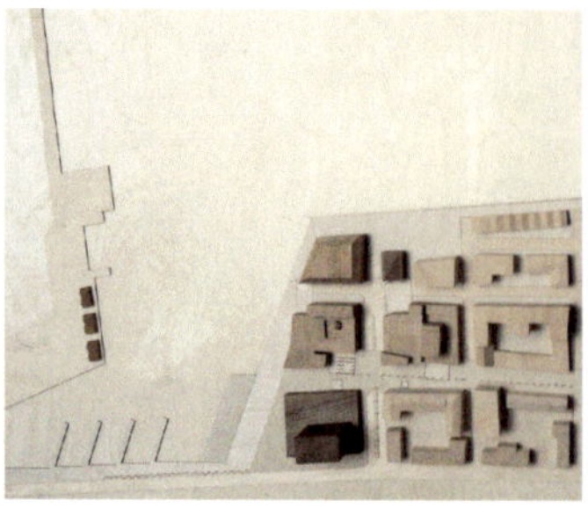

1:500 Wettbewerbsmodell
1:500 Competition model

Situationsplan 1:1750
Site plan 1:1750

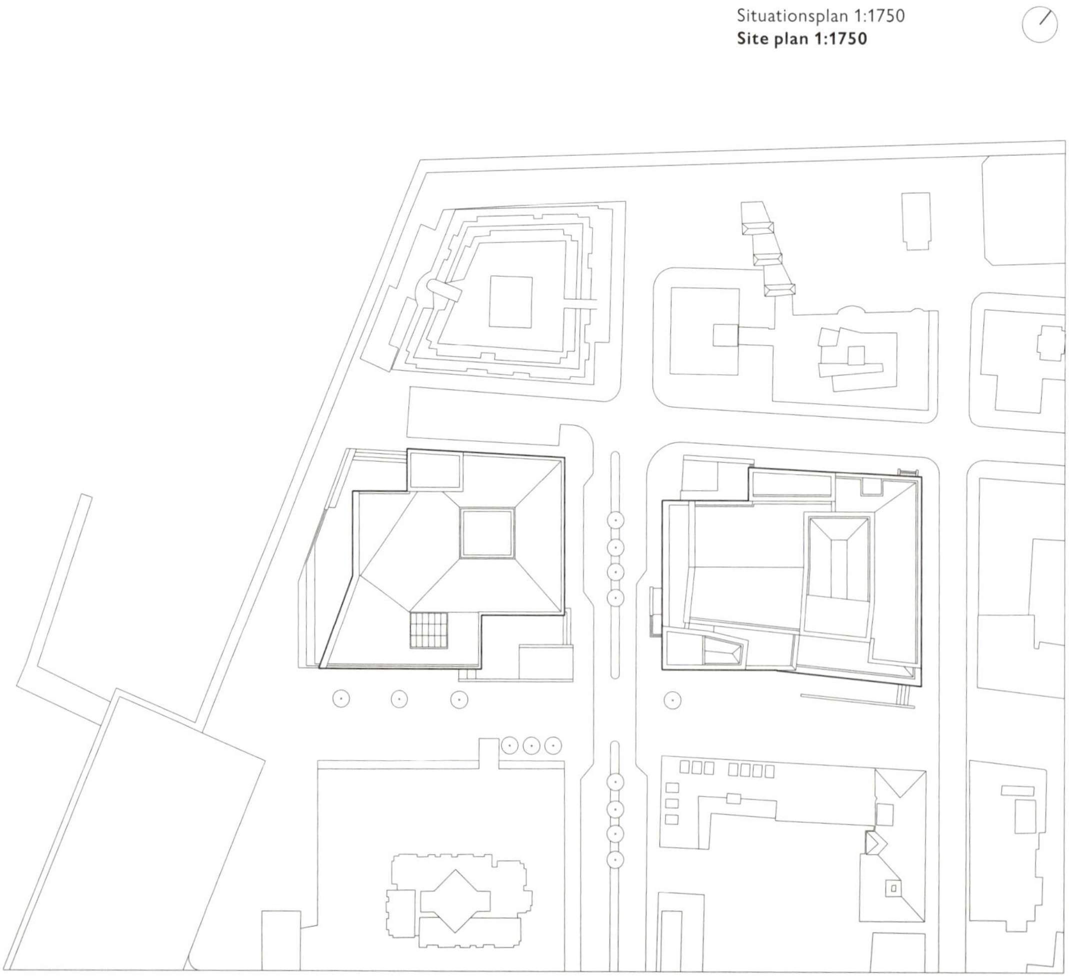

K

Grundriss 1. Obergeschoss 1:500
First floor plan 1:500

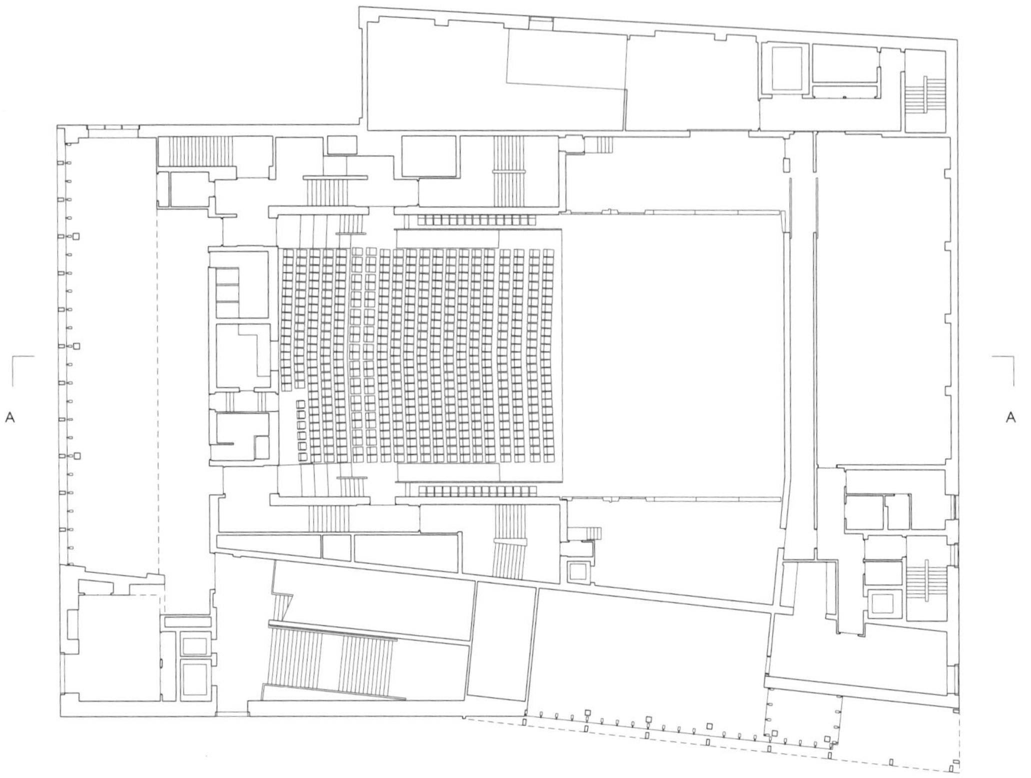

Schnitt AA 1:500
Section AA 1:500

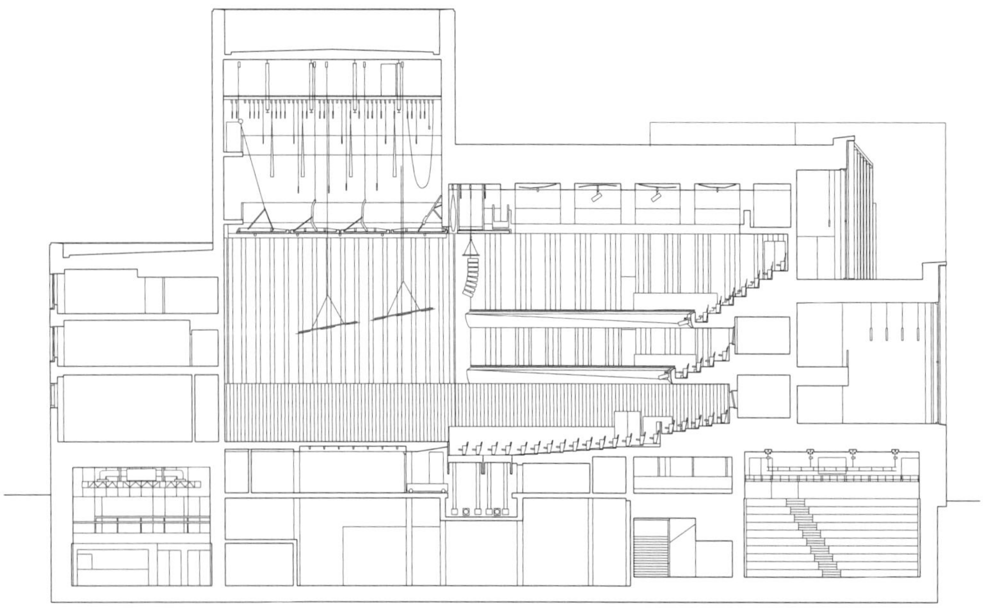

Hettys
DROP-IN
UNITED COLORS OF BENETTON.
UNITED COLORS OF BENETTON.

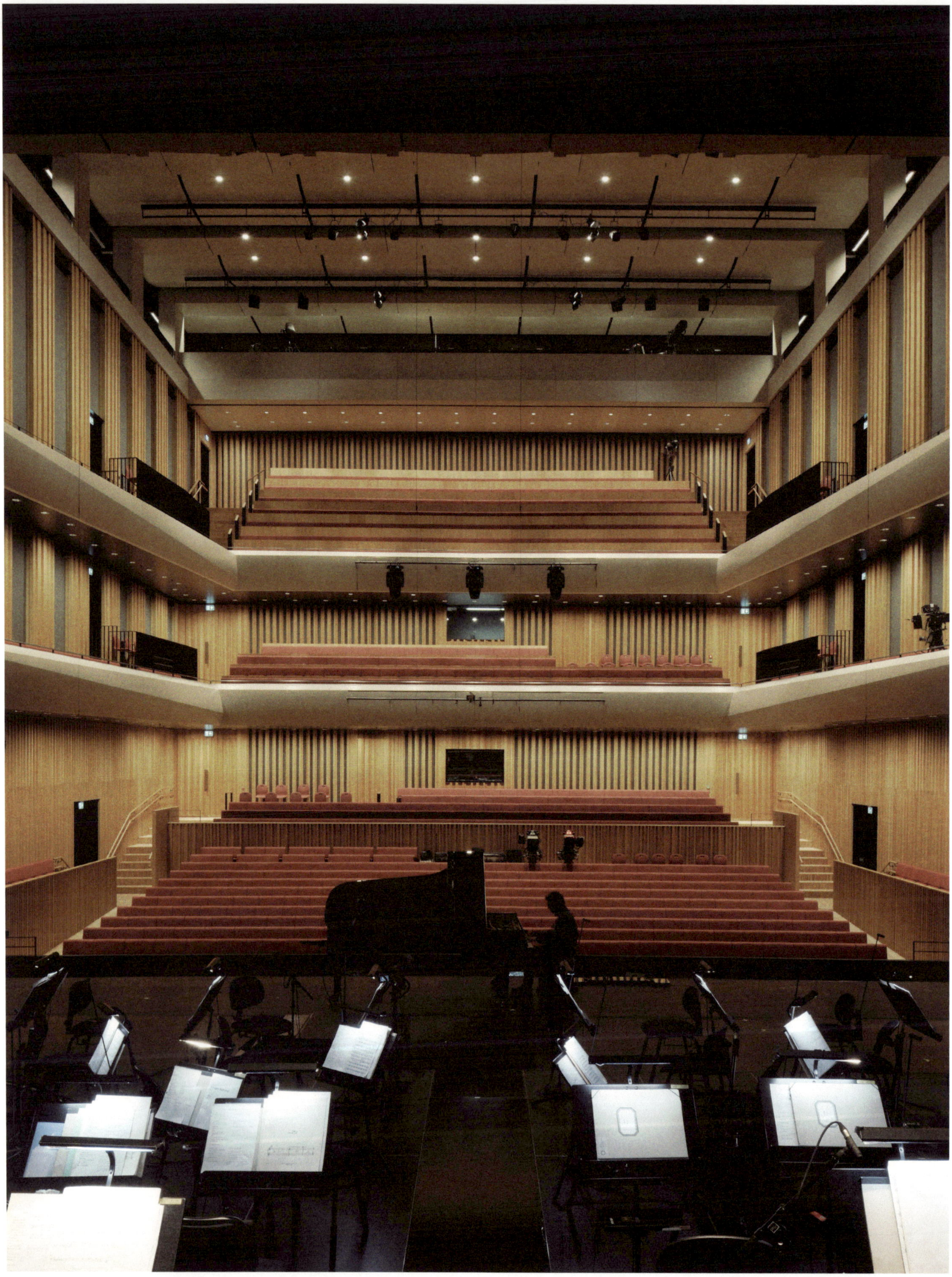

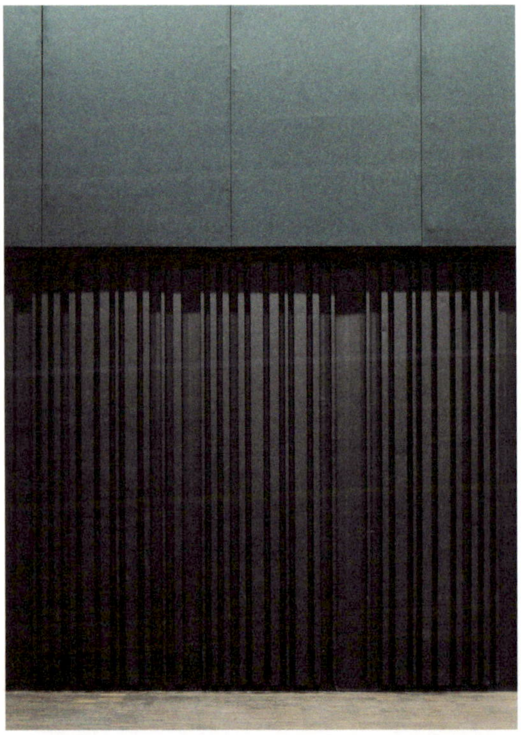

KONZERTSAAL, GENT, BELGIEN

2020

CONCERT HALL, GHENT, BELGIUM

2020

Ein neuer Konzertsaal in der gotischen Architektur einer historischen Abtei aus dem 13. Jahrhundert bildet die zentrale Figur eines umfassenderen Projekts für das Bijloke-Musikzentrum in Gent. Konzipiert als ein feines Holzinstrument, das die natürliche Akustik des Raumes aufnimmt, ist es gleichzeitig eine Einfügung in seine und Vervollständigung seiner «Gastgeberin». Ein Band aus dunklem Holz, das sich in den grösseren Raum einfügt, bildet einen Sockel, der sowohl Publikum als auch Interpretinnen und Interpreten umschliesst; gleichzeitig gleicht es das Gewicht der hölzernen Dachkonstruktion optisch aus. Über der Bühne fügen sich filigrane Stahlbögen in die bestehenden Dachstühle ein, die sowohl die technische Ausrüstung tragen als auch deren Ausdehnung entgegenwirken. Der neue Zuschauerraum ist ein in den Boden eingegrabenes «Gefäss», in dem sich die Darstellenden auf dem ursprünglichen Bodenniveau befinden. Seine Apsisform gleicht die reduzierten Proportionen des bestehenden Saals aus und reagiert im Grundriss auf die Geometrie seines Querschnitts. Hinter der Bühne ruht ein Chorgestühl auf vorhandenen Kragsteinen und bietet darunter den Einrichtungen des Backstagebereichs Platz.

A new concert hall, set within the 13th century Gothic architecture of a historical abbey, is the central figure of a wider project for the Bijloke Music Centre in Ghent. Conceived as a finely made timber instrument, which tunes the natural acoustics of the room, it is at once an insertion into and a completion of its host. A ribbon of dark timber, set within the larger room, forms a base that encompasses audience and performer, while visually balancing the weight of the timber roof structure. Above the stage, delicate steel arches interleave with these existing trusses, both to support technical equipment and to counter their outward thrust. The new auditorium is a vessel excavated into the ground, placing the performers at the original floor level. Its apsoidal form adjusts the attenuated proportions of the existing hall, responding in plan to the geometry of its section. Behind the stage, a choir stall rests on existing corbels and offers backstage facilities below it.

1:50 Schnittmodell

1:50 Sectional model

Situationsplan 1:2500

Site plan 1:2500

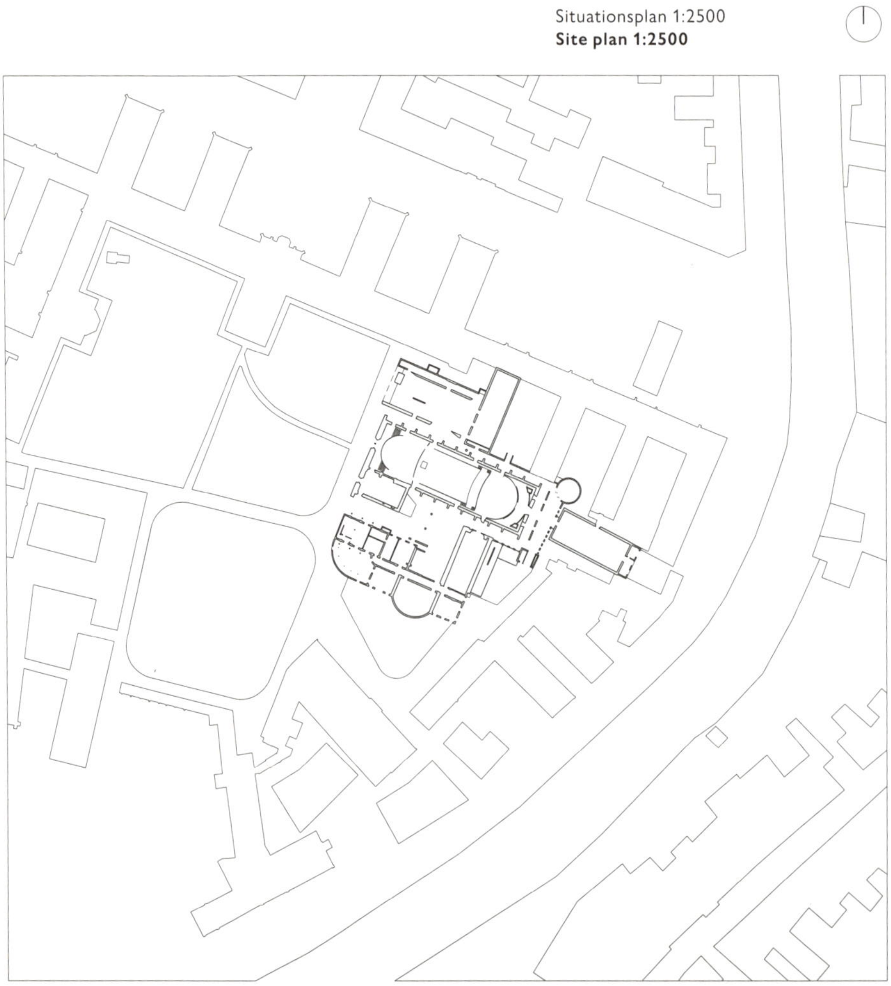

Schnitt AA 1:500
Section AA 1:500

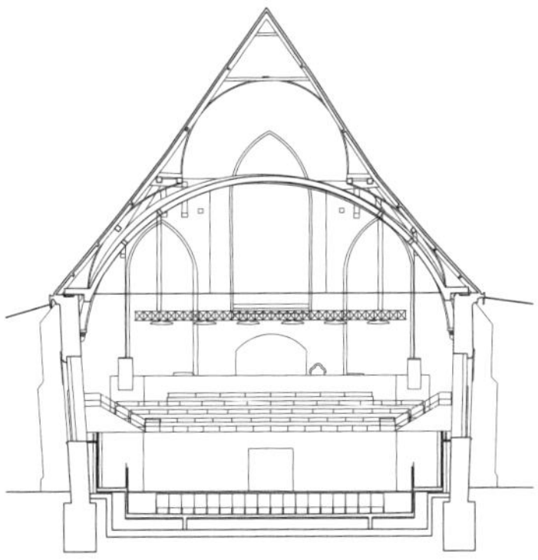

Saalgrundriss 1:500
Hall plan 1:500

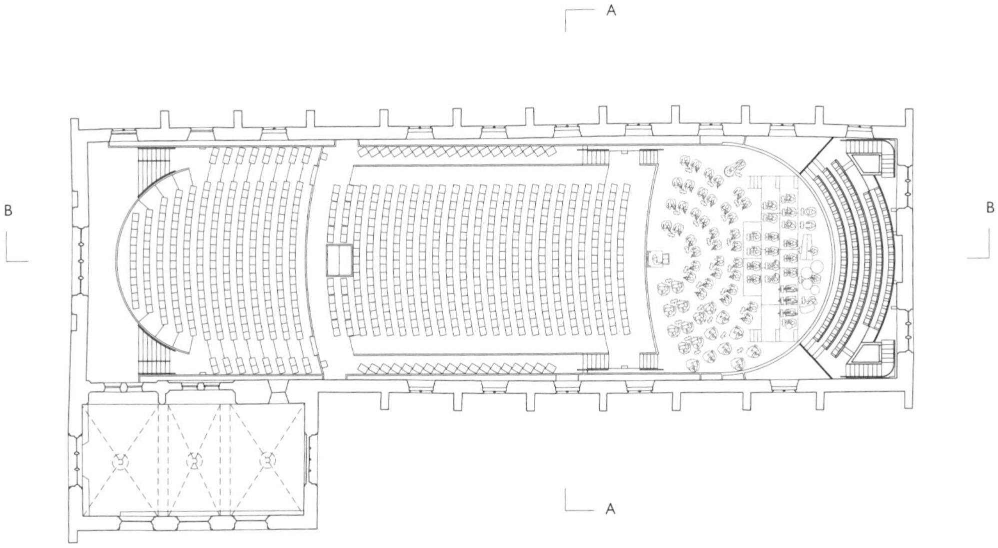

Schnitt BB 1:500
Section BB 1:500

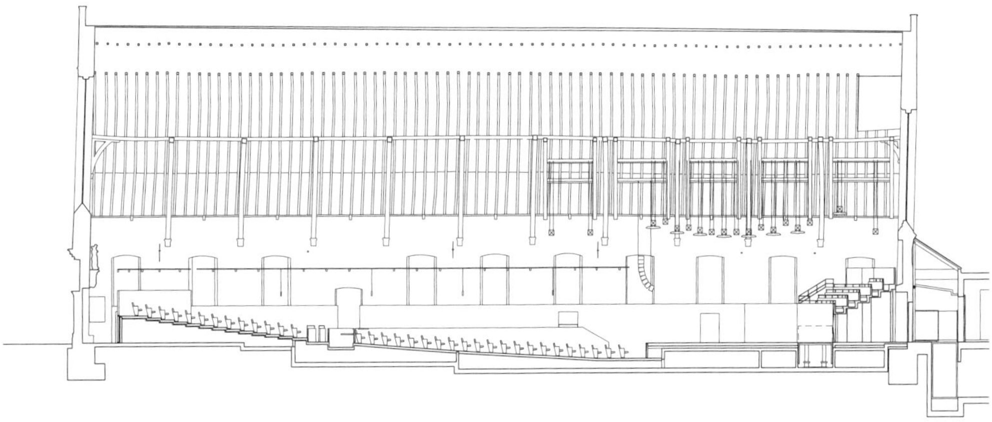

WEINGUT UND HOTEL, INSEL PICO, PORTUGAL

2021 – In Zusammenarbeit mit SAMI Arquitectos

WINERY AND HOTEL, PICO ISLAND, PORTUGAL

2021 – In collaboration with SAMI Arquitectos

Dieses Projekt ist seit mehr als einem Jahrhundert die erste weitläufige Weinproduktionsanlage in der zum Weltkulturerbe gehörenden Weinberglandschaft der Insel Pico. Das Gebäude wurde in einer restaurierten Landschaft aus Lavasteinmauern errichtet, die die Weinberge schützen, und greift die auf den Azoren traditionelle Form der Adega auf, die sowohl ein Ort der Produktion als auch der erweiterten Häuslichkeit ist. Gästezimmer, Verkostungsräume und Wirtschaftsräume sind so angeordnet, dass sie einen abgeschlossenen Innenhof bilden, der der Topografie des Vulkanhangs folgt. Ein Wasserrückhaltebecken definiert ihre Beziehung innerhalb eines intimen Gartens, der im Zentrum des Anlage liegt. Die verputzten Innenflächen leiten sich von historischen Methoden zum Finish wichtiger Gebäude auf der Insel her, während die Aussenwände aus Spolien bestehen, das heisst aus Blöcken, die aus dem Boden geholt und unter einer gefalteten Betondachebene trocken aufgeschichtet wurden. Im Zusammenspiel integrieren sie das grosse Gebäude in das Terrain und vermitteln zwischen Topografie und Horizont, Bergen und Meer.

A project to establish the first large-scale wine production facility for more than a century within the World Heritage vineyard landscape of the island of Pico. Constructed within a restored landscape of lava-stone walls, which protect the vines, the building elaborates on the traditional Azorean adega, as a place of both production and extended domesticity. Guest rooms, tasting rooms and industrial spaces are arranged to form a cloistered inner court that follows the topography of the volcanic slope. A water retention pool delineates their relationship within what will become an intimate garden at the centre of the plan. Interior plastered surfaces refer to historical methods of finishing important buildings on the island, while external walls are constructed of spolia, blocks picked up from the ground and dry-stacked below a folded concrete roof plane. Together, these settle the large building into the terrain and mediate between topography and horizon, mountain and sea.

Situationsplan 1:5000

Site plan 1:5000

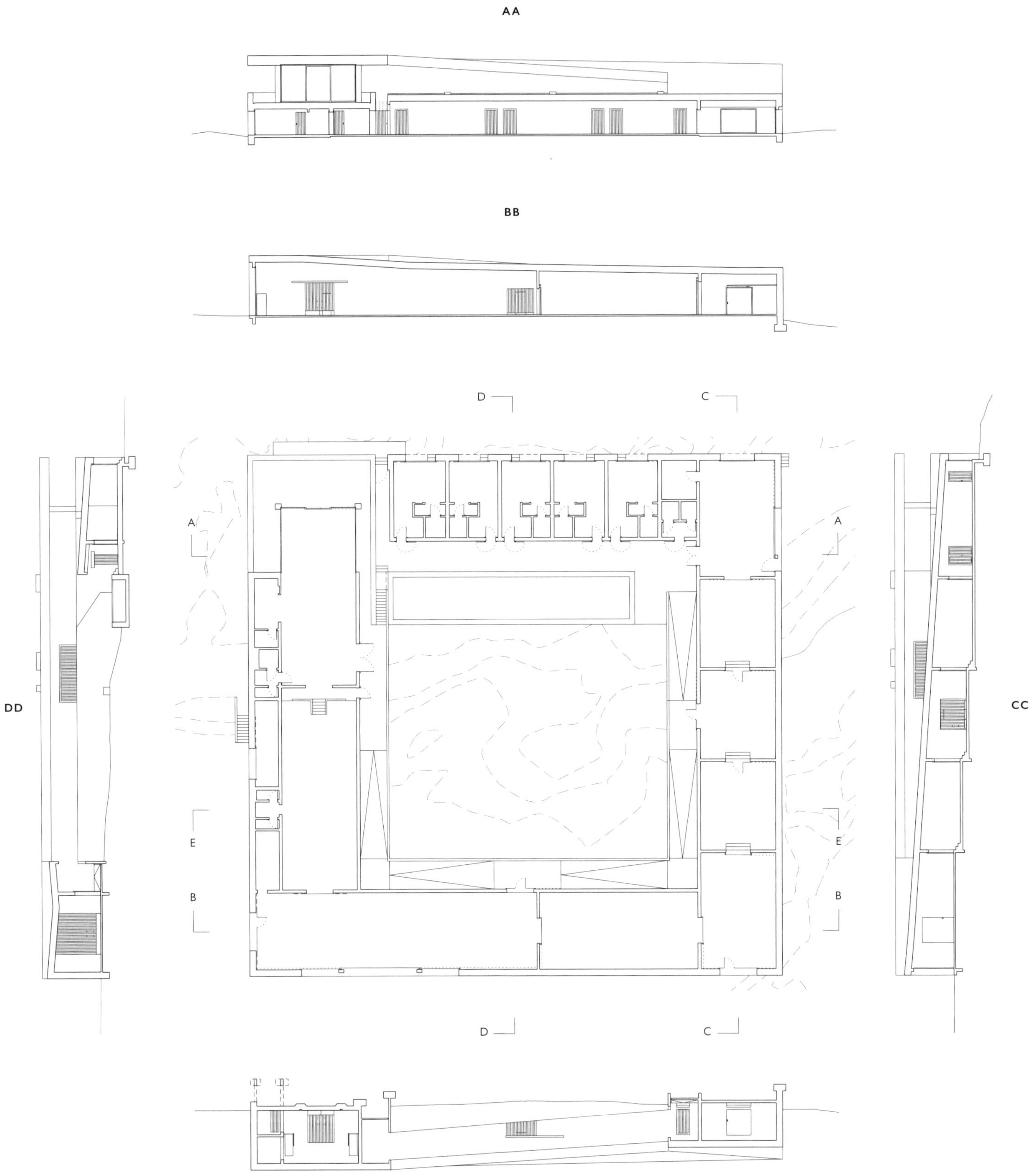

Kombination aus Grundriss und Schnitten 1:500
Combined plan and sections 1:500

WERKVERZEICHNIS

Auswahl Bauten, Projekte und Wettbewerbe

Jahr	Nr.	Projekt
2000		Studio und Büro Iris Associates, Sheffield
		Bar und Café, Showroom Cinema, Sheffield
2003		Apartment, Shoreditch London
		Künstlerhaus, Peckham, London
		Apartment, Barnsbury, London
2004	1	Wohnungsbau, HafenCity, Hamburg
		Wohnhaus, Bermondsey, London
2005		Wüstenhäuser, Essouira
	2	Wohnhaus und Studio, Islington, London
		Masterplan Wohnungsbau, Bridgwater
2006		Masterplan Wohnungsbau, Blackfriars Quarter, Gloucester
		Wohnungsbau, Haggerston, London
		Masterplan HafenCity Universität, Hamburg
		Wohnhaus, Sheffield
2007		Apartment Barbican, London
		Gallerie, London Metropolitan University, London
	3	Büros Rich Mix Cultural Foundation, Bethnal Green, London
		Wohnhaus, Oxfordshire
		Wohnungsbau, Chelsea, London
2008		Wohnhaus, Waterlooville, Hampshire
	4	Villa Ordos 100, Innere Mongolei
2009		Sozialwohnungen, Geel
		Stadtbibliothekt, Kortrijk (mit Vylder Vinck Taillieu)
		National Media Museum, London (mit Johnston Marklee)
		Studio und Büro The Workshop, Sheffield
2010	5	Baptistenkirche und Landschaftsarchitektur Beacon Hill, Tulsa, Oklahoma
		Haus Barbican, London
	6	Landhaus und Landschaftsarchitektur, Middlesex
2012		Hotel, Reykjavik
		Erweiterung Serlachius Kunstmusem Gösta, Mänttä
2013		Apartment, Marylebone, London
		Rathaus, Bodø
		Gemeindehaus, Cham
	7	Kunst- und Designbibliothek, University of Creative Arts, Farnham
	8	Stadtbibliothek, Helsinki (mit Studio Karst)
		Studios, Northumbria School of Architecture, Newcastle
		Campus University of the Creative Arts, Rochester, Kent
2015		Kulturviertel, London (mit Feilden Clegg Bradley)
	9	Haus und Gartengestaltung, London
		Haus der Musik, Innsbruck
		Wohnhaus, Kilburn, London
		Kirche, Våler
2016	10	Kunstmuseum, Arnheim (mit Happel Cornelisse Verhoeven)
		Konzerthaus und Theater, Kulturviertel Stormen, Bodø
		Bibliothek, Kulturviertel Stormen, Bodø
		Sozialwohnungen, Siedlung Hardau, Zürich
		Wohnkomplex mit Sozialzentrum, Aarschot (mit Vylder Vinck Taillieu)
	11	Universitätsgebäude St. Hilda's College, Oxford University
		Museumserweiterung Villa Grande, Oslo (mit Dyvik Kahlein)
2017	12	Archiv der Avantgarden, Dresden
		Site Gallery, Sheffield
		Erweiterung Theater, Ingolstadt (mit 03 Arch.)
2018		Städtischer Masterplan, Trondheim (mit White Arkitekter)
2019		Art Space, Somerset House, London (mit Barozzi Veiga)
		Arts Centre, Grays, London
		Städtischer Masterplan, München (mit Monadnock)
	13	Archiv V&A Museum, London (mit Robbrecht en Daem)
		Studentenwohnheim Universität Gent (mit noAarchitecten)
2020		Konzertsaal und Masterplan Musikzentrum De Bijloke, Gent
	14	Stadtbibliothek, St. Gallen
		Musiktheater, Posen
		Sozialwohnungsbau Zuidkaai, Antwerpen (mit Collectief Nord)
2021		Weingut und Hotel Azores Wine Co, Insel Pico, Azoren (mit SAMI Arquitectos)

Laufende Projekte

Nr.	Projekt
15	Opernhaus, Gent
16	Theater The Bourla, Antwerpen
17	Proberaum des Belgischen Nationalorchesters (BNO), Brüssel
	Wohnhaus mit Hub, Antwerpen
18	Eingang und Landschaftsarchitektur Kathedrale St. Martin, Ypern
19	Storyhouse (Bibliothek, Kino, Wohnen), Sidcup, London
20	Turm, Wohnen und Büros, Nieuw Zuid, Antwerpen
	Wohnhaus, Aarschot
	Wohnhaus, Southwark, London
	Haus, Dungeness, Kent
	Apartment, Belsize Park, London

1

2

3

4

5

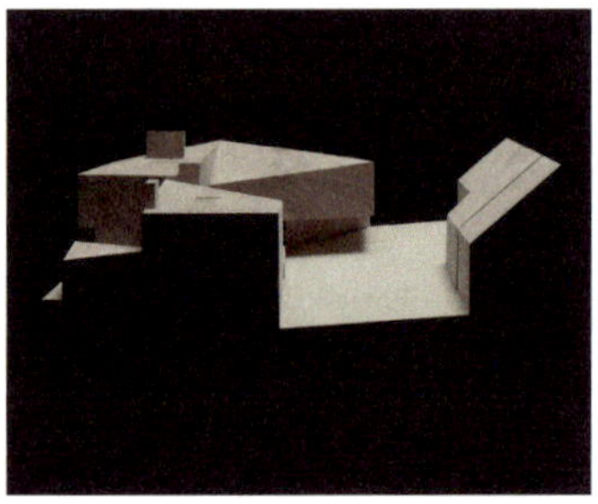
6

7

8

9

10

11

12

13

14

15

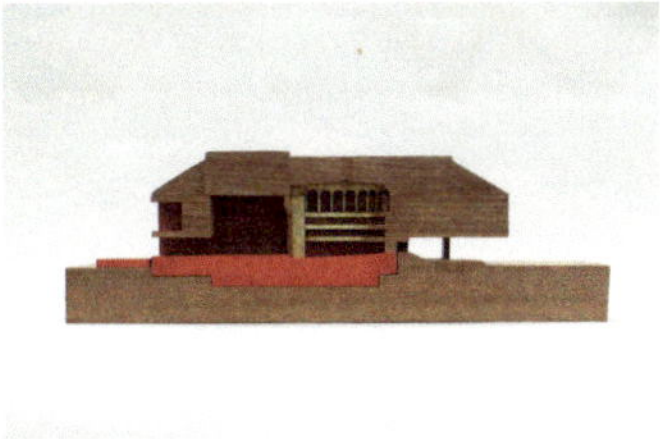

16

17

18

19

20

LIST OF WORKS

Selection of buildings, projects and competitions

Year	No.	Work
2000		Studio and office, Iris Associates, Sheffield
		Bar and café, Showroom Cinema, Sheffield
2003		Apartment, Shoreditch, London
		Artists' housing, Peckham, London
		Apartment, Barnsbury, London
2004	1	Housing, Hafencity, Hamburg
		House, Bermondsey, London
2005		Desert Houses, Essouira
	2	House and studio, Islington, London
		Residential masterplan, Bridgwater
2006		Housing masterplan, Blackfriars Quarter, Gloucester
		Housing, Haggerston, London
		Masterplan, Hafencity University, Hamburg
		House, Sheffield
2007		Apartment, Barbican, London
		Gallery, London Metropolitan University, London
	3	Offices, Rich Mix Cultural Foundation, Bethnal Green, London
		House, Oxfordshire
		Housing, Chelsea, London
2008		Housing, Waterlooville, Hampshire
	4	Villa, Ordos 100, Inner Mongolia
2009		Social housing, Geel
		City Library, Kortrijk (with Vylder Vinck Taillieu),
		Gallery, National Media Museum, London (with Johnston Marklee)
		Studio and office, The Workshop, Sheffield
2010	5	Baptist church and landscape, Beacon Hill, Tulsa, Oklahoma
		House, Barbican, London
	6	Country house and landscape, Middlesex
2012		Hotel, Reykjavik
		Museum extension, Serlachius Musem, Gösta, Mänttä
2013		Apartment, Marylebone, London
		Town Hall, Bodø
		Community Hall, Cham
	7	Art and design library, University of Creative Arts, Farnham
	8	City Library, Helsinki (with Studio Karst)
		Studios, Northumbria School of Architecture, Newcastle Campus, University of the Creative Arts, Rochester, Kent
2015		Cultural quarter, London (with Feilden Clegg Bradley)
	9	House and garden, London
		Musical theatre, Haus der Musik, Innsbruck
		Housing, Kilburn, London
		Church, Våler
2016	10	Art museum, Arnhem (with Happel Cornelisse Verhoeven)
		Concert hall and theatre, Stormen Cultural Quarter, Bodø
		Library, Stormen Cultural Quarter, Bodø
		Social housing, Hardau, Zurich
		Housing and social centre, Aarschot (with Vylder Vinck Taillieu)
	11	College buildings, St. Hilda's College, Oxford University
		Museum extension, Villa Grande, Oslo (with Dyvik Kahlein)
2017	12	Art archive, Archiv der Avantgarden, Dresden
		Gallery, Site Gallery, Sheffield
		Theatre extension, Ingolstadt (with 03 Arch.)
2018		Urban Masterplan, Trondheim (with White Arkitekter)
2019		Art Space, Somerset House, London (with Barozzi Veiga)
		Arts Centre, Grays, London
		Urban masterplan, O3, Munich (with Monadnock)
	13	Archive, V&A Museum, London (with Robbrecht and Daem)
		Student Housing, University of Ghent, Ghent (with noAarchitecten)
2020		Concert hall and masterplan, Bijloke Music Centre, Ghent
	14	City Library, St. Gallen
		Musical theatre, Poznan
		Social housing, Zuidkaai, Antwerp (with Collectief Nord)
2021		Winery and hotel, Azores Wine Co, Pico, Azores (with SAMI Arquitectos)

Ongoing

No.	Work
15	Opera house, Ghent
16	Theatre, The Bourla, Antwerp
17	Rehearsal room: Belgian National Orchestra, Brussels
	Housing, with Hub, Antwerp
18	Entrance and landscape, Sint Marteens Church, Iper
19	Storyhouse library, cinema, housing, Sidcup, London
20	Tower, housing and offices, Nieuw Zuid, Antwerp
	Housing, Aarschot
	Housing, Southwark, London
	House, Dungeness, Kent
	Apartment, Belsize Park, London

BIOGRAFIE

Daniel Rosbottom (*1969 in Bolton, Vereinigtes Königreich) und David Howarth (*1967 in Sheffield, Vereinigtes Königreich) studierten gemeinsam und gründeten DRDH im Jahr 2000 in London, wo sie neben kleineren Aufträgen für für Kunst- und Designschaffende sowie Kunstorganisationen zunächst Projekte im Inland durchführten. Im Jahr 2008 waren sie eines von 100 jungen internationalen Büros, die vom chinesischen Künstler Ai Weiwei und den Schweizer Architekten Herzog de Meuron eingeladen wurden, an Ordos 100 zu arbeiten. Obwohl dieses Projekt nicht realisiert wurde, trug es dazu bei, sie als Teil einer aufstrebenden Generation von Architekten zu positionieren, mit denen sie in der Folge zusammenarbeiteten. Im selben Jahr gewannen sie einen offenen Wettbewerb für das Kulturviertel in Bodø und erhielten 2009 den Zuschlag für die beiden Gebäude. Die Anerkennung seitens der Architekturkritik begründete den internationalen Ruf des Büros und führte zu einem besonderen Erfolg in Belgien, wo sie mit einem weiteren Wettbewerbsprojekt mit den Architekten de Vylder Vinck Taillieu in den flämischen Kontext eingeführt wurden. Hier hat die laufende Arbeit an einer Reihe bedeutender Kultur- und Wohnungsbauprojekte zur Einrichtung eines zweiten Studios in Antwerpen im Jahr 2020 geführt. Das Engagement der Partner in der Architekturausbildung ist mit ihrer Arbeit in der Praxis vergleichbar und sie haben gemeinsam an mehreren Architekturschulen unterrichtet. Howarth war Gastprofessor an der School of Architecture der Northumbria University und an der Universität von Salerno. Seit 2015 ist Rosbottom Professor für Architektur und leitet den Lehrstuhl für Innenräume, Gebäude und Städte an der Technischen Universität Delft in den Niederlanden. Davor war er von 2008 bis 2015 Leiter der School of Architecture and Landscape an der Kingston University in London.

DIREKTOREN

Daniel Rosbottom und David Howarth

AKTUELLES TEAM

Amabel Chiarito, Jef Driesen, Michiel Dure, Hannah Harmens, Jillian Jones, Tessa Koenig Gimeno, Jakub Kolodziejak, Conor Lawless, Joseph Marshall, Rutger Pompen, Barbara-Marie Reine, Paolo Scianna, Ewan Stone, Josine Vos

FRÜHERE MITARBEITENDE

Tom Appels, Alex Bank, Tim Belaen, Nele Bergmans, Anne Bjerke, Jonathon Connolly, Kazi Cisarova, David De la Mare, David Eagleton, Peter Falk, Chiara Friedl, Ingrid Frydenbo-Bruvoll, Patrick Haymann, Mayuko Kanasugi, Victoria Jessen-Pike, Michael Lee, Jasmine Low, Hugo Marrack, Richard Marks, Jorg Meyer, Bushra Mohamed, Kristin Nilsen, Shelly-Ann O'Dea, Phuong Pham, Matthew Phillips, Nicola Read, Chris Raven, Cristina Roiz de la Parra, Levin Schumacher, Jacob Sjöblom, Cecilia Sjöholm, Maaike Snel, Angela Tsang, Jorg van Borstal, Artur Viveiros, Shaun Young

BIOGRAPHY

Daniel Rosbottom (Bolton, United Kingdom, 1969) and David Howarth (Sheffield, United Kingdom, 1967) studied together and founded DRDH in London in 2000, initially undertaking domestic projects, alongside small-scale commissions for artists, designers and arts organisations. In 2008 the practice was one of 100 young international offices to be invited by Chinese artist Ai Weiwei and Swiss architects Herzog de Meuron to work on Ordos 100. Although unbuilt, this project helped position them as part of an emerging generation of architects, several of whom they have gone on to collaborate with. In the same year they won an open competition for the cultural quarter in Bodø and were subsequently awarded the commission for the two buildings in 2009. The critical acclaim for these established the practice's international reputation and they have gone on to achieve particular success in Belgium, where another competition-winning project with Architecten de Vylder Vinck Taillieu introduced them to the Flemish context. Here, ongoing work in relation to a series of significant cultural and housing projects has led to the establishment of a second studio in Antwerp in 2020. The partners' commitment to architectural education has paralleled their work in practice and they have taught together at several schools of Architecture. Howarth has previously been Visiting Professor at the School of Architecture at Northumbria University and at the University of Salerno. Since 2015, Rosbottom has been Professor of Architecture, leading the Chair of Interiors, Buildings, Cities, at the Technical University Delft in the Netherlands and prior to that was Head of the School of Architecture and Landscape at Kingston University in London from 2008 to 2015.

DIRECTORS

Daniel Rosbottom and David Howarth

CURRENT TEAM

Amabel Chiarito, Jef Driesen, Michiel Dure, Hannah Harmens, Jillian Jones, Tessa Koenig Gimeno, Jakub Kolodziejak, Conor Lawless, Joseph Marshall, Rutger Pompen, Barbara-Marie Reine, Paolo Scianna, Ewan Stone, Josine Vos

PREVIOUS STAFF

Tom Appels, Alex Bank, Tim Belaen, Nele Bergmans, Anne Bjerke, Jonathon Connolly, Kazi Cisarova, David De la Mare, David Eagleton, Peter Falk, Chiara Friedl, Ingrid Frydenbo-Bruvoll, Patrick Haymann, Mayuko Kanasugi, Victoria Jessen-Pike, Michael Lee, Jasmine Low, Hugo Marrack, Richard Marks, Jorg Meyer, Bushra Mohamed, Kristin Nilsen, Shelly-Ann O'Dea, Phuong Pham, Matthew Phillips, Nicola Read, Chris Raven, Cristina Roiz de la Parra, Levin Schumacher, Jacob Sjöblom, Cecilia Sjöholm, Maaike Snel, Angela Tsang, Jorg van Borstal, Artur Viveiros, Shaun Young

AUSZEICHNUNGEN

2005	*UK Young Architect of the Year* (Finalisten)
2010	*RIBA National Award:* Studio und Büro The Workshop, Sheffield
2011	*Sheffield Design Award:* Studio und Büro The Workshop, Sheffield
2012	*Architect of the Year Award* (lobende Erwähnung)
2015	*Institute of Acoustics Peter Lord Medal:* Konzerthaus und Theater, Kulturviertel Stormen, Bodø
	Norwegian State Architecture Prize: Konzerthaus und Theater, Kulturviertel Stormen, Bodø
	Norwegian Precast Concrete Prize: Konzerthaus und Theater, Kulturviertel Stormen, Bodø
2016	*RIBA International Award:* Konzerthaus und Theater, Kulturviertel Stormen, Bodø
	Mies van der Rohe Prize (nominiert): Konzerthaus und Theater, Kulturviertel Stormen, Bodø
	Swiss Architecture Award (nominiert): Konzerthaus und Theater, Kulturviertel Stormen, Bodø
2018	*Sheffield Design Award:* Site Gallery, Sheffield
2019	*Anton Christian Houen Fund Diploma:* Konzerthaus und Theater, Kulturviertel Stormen, Bodø
2022	*Henry van de Velde Award:* Konzertsaal und Masterplan Musikzentrum De Bijloke, Gent
	The Belgian Publica Award for Heritage and Culture: Konzertsaal und Masterplan Musikzentrum De Bijloke, Gent

VORTRÄGE

2006	«Eyes that feel and Hands that see», Lincoln School of Architecture
	«On Making», Malaysian Institute of Architects, Kuala Lumpur
	«Making Time», Vortragsreihe «Young Architect of the Year», London
	«DRDH Architects», Architecture Foundation Winter Nights, London
2007	«DRDH», Architecture Institute of New York
2008	«Villa 69 Ordos 100», Universität Nottingham
2009	«DRDH Architects», Berlage Institute, Rotterdam
	«Between the Room and the City», Association of Architects in Ireland, Trinity College Dublin
	«DRDH Architects», Universität Birmingham
2011	«Genealogy and Genius Loci», Robert Gordon University, Aberdeen
	«Distant Relatives», ADSL Conference, Universität Antwerpen
2014	«Material Presence», The Royal Academy, London
2015	«Between Here and There», Universität Cardiff
	«Stormen, Bodø», NTNU, Trondheim
2016	«Material Culture, Ai Weiwei and Architecture», Royal Academy, London
	«DRDH», Stockholm Society of Architects, Stockholm
2017	«Forum Universitatis», Architecture Foundation Masterclass, Oxford
	«DRDH», Universität Salerno, September
	«Where we are», University College Dublin
	«Rhetorical Reticence», Flanders Architecture Institute, Antwerpen
2018	«Communities of Practice: Swiss Architecture as Shared Knowledge», Lehrstuhl Für Geschichte und Theorie des Städtebaus, ETH Zürich
	«To Place, Norberg-Schulz as architect and philosopher of place», NTNU, Trondheim, 25. Oktober
	«Grounded Figures», Stavanger Society of Architects, Stavanger
	«A Provisional Picturesque», 5th AAICO Conference, Porto
2019	«Let it be such work as our descendants will thank us for», *Enduring Architecture*, Oslo European Capital of Environment 2019
	«Therme Forum», 26th Sibiu International Theatre festival, Sibiu
	«Hybrid Edifices», im Rahmen der Gastprofessur an der Universität Antwerpen
2020	«The Future of Theatre», Deutsche Dramaturgische Gesellschaft
2021	«Deep Thresholds», Oper, Gent
2022	«Design by Thinking of the City», Institution, Amsterdam

AUSSTELLUNGEN

2001	*New Architects Two*, The Architecture Foundation, London
2006	*New Practices: London*, AIA Gallery, New York
2007	*AJ Kings Cross Charrette*, London Architecture Gallery, London
2008	*Evolving Norms of British Housing*, Gallery, Royal Institute of British Architects (RIBA), London
2009	*A Model City*, Shenzhen and Hong Kong Architecture Biennale
	Convergence 142: 100 Architects 42 Artists, Ordos Museum of Art, Ordos, Innere Mongolei, China
	Ordos100, ART Basel
2010	*A Model City and Other Models*, London Design Week
	Ordos 100 Villa 69, Royal Academy Summer Show, London
2012	*Importing Architecture*, National Architecture Museum, Oslo
2013	*A Dolls House*, Bonhams Auction House, London
2016	*DRDH, Swiss Architecture Prize Exhibition*, Accademia di Architettura di Mendrisio
	Stormen Bodø, RIBA International Prize Exhibition, London
	Stormen Bodø in Arup: Engineering the World, V&A Museum, London
2017	*Pantheon, installation in the room Horizontal Cities*, Second Chicago Architecture Biennial
	Stormen Bodø, Arch Moscow
2019	*Hunting high and low In Norwegian landscapes*, Deutsches Architekturmuseum, Frankfurt am Main
	Open Oproep. 20 years of the Open Call for Architecture, Vandenhove Centrum voor Architecuur en Kunst, Gent

AWARDS

2005	*UK Young Architect of the Year* (Finalist)
2010	*RIBA National Award:* Studio and office, The Workshop, Sheffield
2011	*Sheffield Design Award:* Studio and office, The Workshop, Sheffield
2012	*Architect of the Year Award* (highly commended)
2015	*Institute of Acoustics Peter Lord Medal:* Concert hall & theatre, Stormen Cultural Quarter, Bodø
	Norwegian State Architecture Prize: Concert hall & theatre, Stormen Cultural Quarter, Bodø
	Norwegian Precast Concrete Prize: Concert hall & theatre, Stormen Cultural Quarter, Bodø
2016	*RIBA International Award:* Concert hall & theatre, Stormen Cultural Quarter, Bodø
	Mies van der Rohe Prize (nominated): Concert hall & theatre, Stormen Cultural Quarter, Bodø
	Swiss Architecture Award, (nominated): Concert hall & theatre, Stormen Cultural Quarter, Bodø
2018	*Sheffield Design Award:* Gallery, Site Gallery, Sheffield
2019	*Anton Christian Houen Fund Diploma:* Concert hall & theatre, Stormen Cultural Quarter, Bodø
2022	*Henry van de Velde Award:* Concert hall and masterplan, Bijloke Music Centre, Ghent
	The Belgian Publica Award for Heritage and Culture: Concert hall and masterplan, Bijloke Music Centre, Ghent

LECTURES

2006	"Eyes that feel and Hands that see", Lincoln School of Architecture
	"On Making", Malaysian Institute of Architects, Kuala Lumpur
	"Making Time", Young Architect of the Year Lecture Series, London
	"DRDH Architects", Architecture Foundation Winter Nights, London
2007	"DRDH", Architecture Institute of New York
2008	"Villa 69 Ordos 100", University of Nottingham
2009	"DRDH Architects", Berlage Institute, Rotterdam
	"Between the Room and the City", Association of Architects in Ireland, Trinity College Dublin
	"DRDH Architects", University of Birmingham
2011	"Genealogy and Genius Loci", Robert Gordon University, Aberdeen
	"Distant Relatives", ADSL Conference, University of Antwerp
2014	"Material Presence", The Royal Academy, London
2015	"Between Here and There", University of Cardiff
	"Stormen, Bodø", NTNU, Trondheim
2016	"Material Culture, Ai Weiwei and Architecture", Royal Academy, London
	"DRDH", Stockholm Society of Architects, Stockholm
2017	"Forum Universitatis", Architecture Foundation Masterclass, Oxford
	"DRDH", University of Salerno, September
	"Where we are", University College Dublin
	"Rhetorical Reticence", Flemish Architecture Institute, Antwerp
2018	"Communities of Practice: Swiss Architecture as Shared Knowledge", Chair for the History and Theory of Urban Design, ETH Zurich
	"To Place, Norberg-Schulz as architect and philosopher of place", NTNU, Trondheim
	"Grounded Figures", Stavanger Society of Architects, Stavanger
	"A Provisional Picturesque", 5th AAICO Conference, Porto
2019	"Let it be such work as our descendants will thank us for", Enduring Architecture, Oslo European Capital of Environment 2019
	"Therme Forum", 26th Sibiu International Theatre festival, Sibiu
	"Hybrid Edifices", University of Antwerp, Visiting Professorship
2020	"The Future of Theatre", Deutsche Dramaturgische Gesellschaft
2021	"Deep Thresholds", for Archipel at the Opera Gent
2022	"Design by Thinking of the City", Amsterdam

EXHIBITIONS

2001	*New Architects Two.* The Architecture Foundation, London
2006	*New Practices: London.* AIA Gallery, New York
2007	*AJ Kings Cross Charrette.* London Architecture Gallery, London
2008	*Evolving Norms of British Housing.* Gallery, Royal Institute of British Architects (RIBA), London
2009	*A Model City.* Shenzhen and Hong Kong Architecture Biennale
	Convergence 142: 100 Architects 42 Artists. Ordos Museum of Art, Ordos, Inner Mongolia, China
	Ordos100. ART Basel
2010	*A Model City and Other Models.* London Design Week
	Ordos 100 Villa 69. Royal Academy Summer Show, London 2019
2012	*Importing Architecture.* National Architecture Museum, Oslo
2013	*A Dolls House.* Bonhams Auction House, London
2016	*DRDH, Swiss Architecture Prize Exhibition.* Accademia di Architettura di Mendrisio
	Stormen Bodø. RIBA International Prize Exhibition, London
	Stormen Bodø in Arup: Engineering the World. V&A Museum, London
2017	*Pantheon, installation in the room Horizontal Cities.* Second Chicago Architecture Biennial
	Stormen Bodø. Arch Moscow
2019	*Hunting high and low In Norwegian landscapes.* Deutsches Architekturmuseum, Frankfurt am Main
	Open Oproep. 20 years of the Open Call for Architecture. Vandenhove Centrum voor Architecuur en Kunst, Ghent

BIBLIOGRAFIE

2001 «DRDH», in: *New Architects Two, forty young practices in the UK*, London
2005 «Artists' House, DRDH», in: *Architects' Journal*, Nr. 222, London
«DRDH: Young Architect of the Year 2005», in: *Building Design*, Nr. 1701, London
«DRDH, Baufeld 10, Hamburg», in: *Architects' Journal*, Nr. 222, London
«DRDH: Khan House», in: *Kieran Long, New London Interiors*, London
2006 «When London Went Pavilion Mad, British Library pavilion», in: *ICON*, Nr. 39, London
«What we make, Daniel Rosbottom DRDH», in: *Ukula*, Nr. 2, Montreal
2007 Nicholas Temple / Soumyen Bandyopadhyay (Hrsg.), *Eyes that feel and hands that see. Thinking Practice*, London
«New Practices: London, New York», in: *Architects' Journal*, Nr. 226, London
Kieran Long, «AJ Kings Cross Charrette», in: *Architects' Journal*, Nr. 226, London
«Practice to Watch – DRDH Architects», in: *The Independent, Dezemberausgabe, London*
2008 Kieran Long, *DRDH: Hafencity University in Hatch. The New Architectural Generation*, London
«Evolving Norms of British Housing», in: *Architects' Journal*, Nr. 228, London
«Building Mansions in the Mongolian Sand», in: *The New York Times*, Maiausgabe
2009 «DRDH, Elderly Housing, Belgium», in: *Building Design*, Nr. 1889, London
«The Workshop, Sheffield», in: *Architects' Journal*, Nr. 230, London
«Ordos 100 Villa 69», in: *Brick Bulletin, Sommerheft, London*
«The Icon 20 / 20 Architects: Daniel Rosbottom», in: *ICON*, Nr. 71, London
«Dream Villas in Inner Mongolia», in: *archiSTORM*, Nr. 37, Paris
«Bodø City Library and Concert Hall», in: *Future Magazine*, Nr. 18, Madrid
«Ordos 100», in: *Perspective Architecture Yearbook*, Hong Kong
2010 «Baptist Church, Oklahoma», in: *Building Design*, Nr. 1942, London
«Model City and Other Models», in: *Building Design*, Nr. 1936, London
«DRDH: A Model City», in: *Blueprint Magazine*, Nr. 295, London
«A Model City and Other Models», in: *Architects' Journal*, Nr. 231, London
«Khan House, DRDH», in: Michael Stacey, *Concrete: A Studio Design Manual, London*, London
«Model Cities Installation, Shenzhen Hong Kong Biennale», in: *Architext Magazine*, Nr. 207
2011 «Working Abroad», in: *Building Design*, Nr. 1965, London
2012 «Beacon Hill Baptist Church, Oklahoma», in: *Architects' Journal*, Nr. 235, London
«Working in Norway», in: *Architecture Today*, Nr. 227, London
2013 «20 Dolls Houses by star UK architects», in: *Architects' Journal*, Nr. 238, London
2014 «True North, Stormen, Bodø», in: *Architecture Today*, Nr. 253, London
«Flights of Fancy; British Architects Unveil Arctic Library», in: *The Guardian*, Saturday, 22. November, London
«Den Stille Stormen», in: *Morgenbladet*, 14.–20. November, Oslo
«For the Sartorialist, a London house refurbishment», in: *Architectural Digest India*, Nr. 1, Delhi
2015 «Reflecting on the Mystery of Acoustics», in: *Stravaigers: In a Fading Light*, Edinburgh
«Scale of Place, Stormen, Bodø», in: Norwegian National Museum for Art, *Architecture and Design Yearbook*, Oslo
«Lugnet efter Stormen», in: *RUM Magazine*, Nr. 159, Stockholm
«Stille Før Storm, Stormen Bodø», in: *Arkitektur N*, Nr. 2, Oslo
«Stormen Concert Hall and Library», in: *Architects' Journal*, Nr. 241, London
«Northern Lights, Stormen, Bodø», in: *Architectural Review*, Nr. 1415, London
2016 «Civic Sense: Elderly Housing Aarschot», in: *Architecture Today*, Nr. 277, London
BSI Swiss Architecture Prize Exhibition Catalogue, Mendrisio
«Reinventing Retirement: Elderly Housing Aarschot», in: *The Architectural Review*, Nr. 1433, London
«Elderly Housing Aarschot», in: *Flemish Architectural Review*, Nr. 12
Flemish Year Book: Tailored Architecture, Antwerpen
«Gemeinschaft stiften, Stormen Bodø», in: *Werk, Bauen + Wohnen*, Nr. 3, Zurich
2017 «Pantheon, DRDH Architects», In: *Make New History*, Chicago
2018 «Aarschot Senior Citizens Dwelling Complex», in: *Architektur Aktuell*, Nr. 458, Wien
«Possibilities for Community Life», in: *A+T: Complex Buildings, Dwelling Mixers*, Vitoria-Gasteiz
Make New History, 2017 Chicago Architecture Biennial, Zürich
2019 «Site Solutions; Site Gallery, Sheffield, by DRDH», in: *Architects' Journal*, Nr. 245
«Site Specific; Review of Site Gallery, Sheffield», in: *Architecture Today*, Nr. 294
2021 «DRDH: Stormen Bodø», in: *As Built 24*
«To Place, Daniel Rosbottom», in: Gro Lauvland (Hrsg.), *Fellesskapets Arkitektur – Opprør!*, Oslo
«Strasse zur Nachbarschaft; elderly housing, Aarschot», in: *Werk, Bauen + Wohnen*, Nr. 9
2022 «Biljoke Concertzaal», in: *Plan Magazine*, Nr. 14, Herentals

AUTORENBIOGRAFIE

Ellis Woodman (*1972) studierte Architektur an der University of Cambridge und der University of North London und arbeitete acht Jahre lang als Architekt, bevor er 2003 als Kritiker tätig wurde. Zu seinen Büchern gehören *Modernity and Reinvention: The Architecture of James Gowan* (2008), *Habitat: biq Builds the City* (2013) und *Temples and Tombs: The Sacred and Monumental Architecture of Craig Hamilton* (2018). Er war der Kurator des britischen Pavillons auf der Architekturbiennale in Venedig 2008. Im Jahr 2015 wurde Woodman zum Direktor der The Architecture Foundation in London ernannt.

BESONDERER DANK

an Mitarbeitenden, Kundinnen und Kunden, Auftraggeberinnen und Auftraggebern, Auftragnehmerinnen und Auftragnehmern und allen, die mit ihrer Arbeit, ihren Gedanken, ihrer Wahrnehmung, ihrer Geduld und ihrer guten Laune zu diesem Buch beigetragen haben.

BIBLIOGRAPHY

2001 "DRDH". In: *New Architects Two, forty young practices in the UK*, London

2005 "Artists' House, DRDH". In: *Architects' Journal*, No. 222, London

"DRDH: Young Architect of the Year 2005". In: *Building Design*, No. 1701, London

"DRDH, Baufeld 10, Hamburg". In: *Architects' Journal*, No. 222, London

"DRDH: Khan House". In: Kieran Long: *New London Interiors*, London

2006 "When London Went Pavilion Mad, British Library pavilion". In: *ICON*, No. 39, London

"What we make, Daniel Rosbottom DRDH". In *Ukula*, No. 2, Montreal

2007 Nicholas Temple / Soumyen Bandyopadhyay (Eds.): *Eyes that feel and hands that see. Thinking Practice*, London

"New Practices: London, New York". In: *Architects' Journal*, No. 226, London

Kieran Long: "AJ Kings Cross Charrette". In: *Architects' Journal*, No. 226, London

"Practice to Watch – DRDH Architects". In: *The Independent*, December 2007, London

2008 Kieran Long: *DRDH: Hafencity University in Hatch. The New Architectural Generation*, London

"Evolving Norms of British Housing". In: *Architects' Journal*, No. 228, London

"Building Mansions in the Mongolian Sand". In: *The New York Times*, May

2009 "DRDH, Elderly Housing, Belgium". In: *Building Design*, No. 1889, London

"The Workshop, Sheffield". In: *Architects' Journal*, No. 230, London

"Ordos 100 Villa 69". In: *Brick Bulletin*, Summer 2009, London

"The Icon 20/20 Architects: Daniel Rosbottom". In: *ICON*, No. 71, London

"Dream Villas in Inner Mongolia". In: *archiSTORM*, No. 37, Paris

"Bodø City Library and Concert Hall". In: *Future Magazine*, No. 18, Madrid

"Ordos 100". In: *Perspective Architecture Yearbook*, Hong Kong

2010 "Baptist Church, Oklahoma". In: *Building Design*, No. 1942, London

"Model City and Other Models". In: *Building Design*, No. 1936, London

"DRDH: A Model City". In: *Blueprint Magazine*, No. 295, London

"A Model City and Other Models". In: *Architects' Journal*, No. 231, London

"Khan House, DRDH". In: Michael Stacey, *Concrete: A Studio Design Manual*, London

"Model Cities Installation, Shenzhen Hong Kong Biennale". In: *Architext Magazine*, No. 207

2011 "Working Abroad". In: *Building Design*, No. 1965, London

2012 "Beacon Hill Baptist Church, Oklahoma". In: *Architects' Journal*, No. 235, London

"Working in Norway". In: *Architecture Today*, No. 227, London

2013 "20 Dolls Houses by star UK architects". In: *Architects' Journal*, No. 238, London

2014 "True North, Stormen, Bodø". In: *Architecture Today*, No. 253, London

"Flights of Fancy; British Architects Unveil Arctic Library". In: *The Guardian*, Saturday November 22, London

"Den Stille Stormen". In: *Morgenbladet*, November 14–20, Oslo

"For the Sartorialist, a London house refurbishment". In: *Architectural Digest India*, No. 1, Vol. 3, Delhi

2015 "Reflecting on the Mystery of Acoustics". In: *Stravaigers: In a Fading Light*, Edinburgh

"Scale of Place, Stormen, Bodø". In: Norwegian National Museum for Art: *Architecture and Design Yearbook*, Oslo

"Lugnet efter Stormen". In: *RUM Magazine*, No. 159, Stockholm

"Stille Før Storm, Stormen Bodø". In: *Arkitektur N*, No. 2, Oslo

"Stormen Concert Hall and Library". In: *Architects' Journal*, No. 241, London

"Northern Lights, Stormen, Bodø". In: *Architectural Review*, No. 1415, London

2016 "Civic Sense: Elderly Housing Aarschot". In: *Architecture Today*, No. 277, London

BSI Swiss Architecture Prize Exhibition Catalogue, Mendrisio

"Reinventing Retirement: Elderly Housing Aarschot". In: *The Architectural Review*, No. 1433, London

"Elderly Housing Aarschot". In: *Flemish Architectural Review*, No. 12

Flemish Year Book: Tailored Architecture, VAi, Antwerp

"Gemeinschaft stiften, Stormen Bodø". In: *Werk, Bauen + Wohnen*, No. 3, Zurich

2017 "Pantheon, DRDH Architects". In: *Make New History*, Chicago

2018 "Aarschot Senior Citizens Dwelling Complex". In: *Architektur Aktuell*, No. 458, Vienna

"Possibilities for Community Life". In: *A+T: Complex Buildings, Dwelling Mixers*, Vitoria-Gasteiz

Make New History, 2017 Chicago Architecture Biennial, Zurich

2019 "Site Solutions; Site Gallery, Sheffield, by DRDH". In: *Architects' Journal*, No. 245, London

"Site Specific; Review of Site Gallery, Sheffield". In: *Architecture Today*, No. 294, London

2021 "DRDH: Stormen Bodø". In: *As Built 24*

"To Place, Daniel Rosbottom". In: Gro Lauvland (Ed.), *Fellesskapets Arkitektur – Opprør!*, Oslo

"Strasse zur Nachbarschaft; elderly housing, Aarschot". In: *Werk, Bauen + Wohnen*, No. 9

2022 "Biljoke Concertzaal". In: *Plan Magazine*, No. 14, Herentals

AUTHOR'S BIOGRAPHY

Ellis Woodman (born in 1972) studied Architecture at the University of Cambridge and the University of North London and worked as an architect for eight years before becoming a professional critic in 2003. His books include *Modernity and Reinvention: The Architecture of James Gowan* (2008), *Habitat: biq Builds the City* (2013) and *Temples and Tombs: The Sacred and Monumental Architecture of Craig Hamilton* (2018). He was the curator of the British Pavilion at the 2008 Venice Architecture Biennale. In 2015 Woodman was appointed Director of The Architecture Foundation in London.

SPECIAL THANKS

to collaborators, clients, commissioners, contractors and all whose work, thoughts, perception, patience and good humour have contributed to this book.

DRDH – London/Antwerpen
27. Band der Reihe *De aedibus international*
Herausgeber: Heinz Wirz, Luzern
Konzept: Heinz Wirz; DRDH, London
Projektleitung: Quart Verlag, Linus Wirz
Textbeitrag: Ellis Woodman, London
Objekttexte: DRDH
Textlektorat deutsch: Miriam Seifert-Waibel, Hamburg
Textlektorat englisch: Benjamin Liebelt, Berlin
Übersetzung englisch – deutsch: DRDH; Miriam Seifert-Waibel, Hamburg (S. 64–73)
Fotos: Sue Barr, London, S. 66 (Nr. 2); Karin Borghouts, Kalmthout, S. 6 (oben), 54–59; Jonathon Connolly, Royal Tunbridge Wells, S. 14 (oben); Filip Dujardin, Gent, S. 10 (unten), 18 (zwei Bilder unten links), 21–23; Bart Gosselin, Melsele, S. 67 (Nr. 20); David Grandorge, London, S. 6 (unten), 10 (oben), 12, 14–17, 18 (zwei Bilder oben rechts), 19, 24–53, 66–67 (Nr. 3, 6, 7, 9, 19), 68; Børre Høstland, Oslo, S. 8, 34 (oben rechts); Francisco Nogueira, Lissabon, S. 60–65; DRDH, S. 24 (oben rechts), S. 66–67 (Nr. 1, 4, 5, 8, 10–18); Städel Museum, Frankfurt am Main, S. 7 (unten); Rijksmuseum, Amsterdam, S. 7 (oben); Nationalmuseum für Kunst, Architektur und Design, Oslo, S. 8; Tate Britain, London, S. 9; Royal Collection Trust, London, S. 11; National Gallery, London, S. 13
Modelle: DRDH, ausser: Roger Partridge, S. 8; Jonathon Connolly, S. 14
Redesign: BKVK, Basel – Beat Keusch, Angelina Köpplin-Stützle
Grafische Umsetzung: Quart Verlag Luzern
Lithos: Printeria, Luzern
Druck: DZA Druckerei zu Altenburg GmbH

ISBN 978-3-03761-129-6

DRDH – London/Antwerpen
Volume 27 of the series *De aedibus international*
Edited by: Heinz Wirz, Lucerne
Concept: Heinz Wirz; DRDH, London
Project management: Quart Verlag, Linus Wirz
Article by: Ellis Woodman, London
Project descriptions: DRDH
German text editing: Miriam Seifert-Waibel, Hamburg
English text editing: Benjamin Liebelt, Berlin
English – German translation: DRDH; Miriam Seifert-Waibel, Hamburg (p. 64–73)
Photos: Sue Barr, London, p. 66 (No. 2); Karin Borghouts, Kalmthout, p. 6 (top), 54–59; Jonathon Connolly, Royal Tunbridge Wells, p. 14 (top); Filip Dujardin, Ghent, p. 10 (bottom), 18 (two images bottom left), 21–23; Bart Gosselin, Melsele, p. 67 (No. 20); David Grandorge, London, p. 6 (bottom), 10 (top), 12, 14–17, 18 (two images on top right), 19, 24–51, 66–67 (No. 3, 6, 7, 9, 19), 68; Børre Høstland, Oslo, p. 8, 34 (top right); Francisco Nogueira, Lisbon, p. 60–65; DRDH, p. 24 (top right), p. 66–67 (No. 1, 4, 5, 8, 10–18); Städel Museum, Frankfurt am Main, p. 7 (bottom); Rijksmuseum, Amsterdam, p. 7 (top); National Museum of Art, Architecture and Design, Oslo, p. 8; Tate Britain, London, p. 9; Royal Collection Trust, London, p. 11; National Gallery, London, p. 13
Models: DRDH, except: Roger Partridge, p. 8; Jonathon Connolly, p. 14
Redesign: BKVK, Basel – Beat Keusch, Angelina Köpplin-Stützle
Graphic design: Quart Verlag Luzern
Lithos: Printeria, Lucerne
Printing: DZA Druckerei zu Altenburg GmbH

ISBN 978-3-03761-129-6

Der Quart Verlag wird vom Bundesamt für Kultur für die Jahre 2021–2024 unterstützt.

Quart Publishers is being supported by the Federal Office of Culture for the years 2021–2024.

Quart Verlag GmbH
Denkmalstrasse 2, CH-6006 Luzern
books@quart.ch, www.quart.ch

De aedibus international
Zeitgenössische Architekturschaffende und ihre Bauten

De aedibus international
Contemporary architects and their buildings

books@quart.ch, www.quart.ch